Jaime Maristany

MUJERES EN LA HISTORIA

Historia de las mujeres que cambiaron la historia de la humanidad

©Jaime Maristany 2010

Published by UNITEXTO

UNITEXTO
Digital Publishing

TABLA DE CONTENIDOS

I.POR QUE Y ANTES DE ENTRAR

Desde siempre he creído injusta la posición de la mujer en nuestra sociedad. Con los años descubrí que en otras sociedades habían recibido un trato mejor y que pocas las habían despreciado tanto, quizá la mayor la asiria que las consideraba simples productoras de militares. En la búsqueda de esta diferencia que parecía inexplicable encontré no hace mucho tiempo la razón, que no es cultural sino biológica. En efecto, cuando a los quince días de la gestación aparece el gen Y el embrión cambia su naturaleza primera y se convierte en varón. Si no aparece la Y el embrión sigue su curso natural y nace una mujer.

La primera observación que uno puede hacer de este hecho es que la Naturaleza privilegia lo femenino respecto de lo masculino. Esto me confirmó las sospechas que me habían producido los espléndidos escritos de Ezra, el sacerdote judío que volvió con los demás ortodoxos de Babilonia en el S. VI a.JC. y escribió el Génesis. Era muy semítico, como Las mil y una noches de ese otro pueblo semítico, los árabes, pero poco consistente a un análisis neutral, es decir no religioso y favorable.

La segunda observación que se puede hacer con la aparición de la Y, es como el embrión se convierte en ávido buscador de testosterona y

deja de hacer el crecimiento natural que hace el embrión XX. El resultado de esto es que el embrión XY crece más se hace más fuerte mientras el XX desarrolla más conexiones neuronales. Esto es notable en niños y adolescentes donde podemos observar fácilmente como las niñas crecen de una manera más armónica, son más avispadas y como aun las mujeres adultas pueden hacer varias cosas a un mismo tiempo aunque por ello sean criticadas por los varones.

Con la fuerza de la testosterona los varones sometieron a las mujeres y ocuparon los puestos de poder. Notablemente muchos grandes artistas decayeron su Y para ser homosexuales.

Por esto, habiendo ya tratado los temas que me parecían más necesarios, decidí intentar reunir algunas mujeres que se hubieran destacado a pesar de la sumisión impuesta.

No se esperen encontrar una lista completa, porque es imposible hacer una lista completa de todas las mujeres que se destacaron en la sociedad. Seguramente quedan a un costado todas las mujeres que han escrito, estudiado, practicado artes, mujeres que han sido activas madres de familia, que han ayudado a crecer a hijos e hijas y que hoy además trabajan en puestos al igual que los hombres aunque les sigan pagando entre 20 y 30% menos que al varón en ese mismo puesto.

5

No busquen por favor razones exóticas para esta visión que tengo de la coexistencia entre varones y mujeres. Es simplemente una mirada neutral, sin querer salvar el deterioro en el ego masculino o el deterioro en el ego femenino. Es tratar de mirar el mundo sin tendenciarse sino tomando los hechos como son.

I. EVA

Cuando Ciro II el Grande, rey de Persia, entró en Babilonia, dejó sin efecto la condena a los judíos y les dejó volver a Jerusalén. Nadie se movió en siguientes dos años. El increíble profeta, antes el Falso Isaías, ahora el Nuevo Isaías, ese que escribió "El Señores mi Pastor, nada me puede pasar", texto inédito para un profeta, especialistas en amenazar al pueblo judío, tampoco se fue de Babilonia. Algunos comenzaron a irse después de esos dos años, liderados por el sacerdote Ezra. Cuando llegaron a Jeruslém había otros pueblos allí y tuvieron algunas dificultades. Ezra se dio cuenta que no había ninguna noticia del pueblo judío en ningún escrito y resolvió escribir la historia del pueblo hebreo.

Para empezar tenía que contar la Creación y lo hizo con los pocos conocimientos técnicos de la época sobre el tema (ninguno). Sobre esta base hilvanó un precioso relato típicamente semita, del mismo tipo que "Las Mil y una Noches" árabe, otro gran pueblo semita. Después que confirmó el monoteísmo se encontró con la dificultad de todos los monoteísmos: Dios es Perfecto por tanto no puede tener maldad, lo cual significa que alguien se tiene que hacer cargo de la maldad que indudablemente pulula bajo distintas

formas en la Tierra. Ya nos había presentado a Eva, cuyo mérito era ser la primera mujer aunque devenida de un pedazo secundario e inútil de Adán: una costilla. Por si eso no fuera suficiente, Ezra resolvió denostar definitivamente a Eva y con ella a la mujer, haciéndola partícipe de una conspiración que maldijo al Mundo. Si la serpiente malévola le hubiera llevado la manzana a Adán, este la hubiera rechazado, sin duda. Por esto la serpiente astuta le llevó la manzana a Eva, más fácil de tentar según la idea de Ezra. Todos sabemos que Eva le llevó la manzana a Adán y que este comió también de ella, condenándose y condenándonos a todos a ser responsables por el mal que hay en el mundo. No es Dios sino nosotros los que provocamos el Mal, al comer nuestro primer padre del árbol prohibido. Eva quedó así marcada por siempre como una mala mujer. Nadie dijo nunca que Adán era un imbécil o un mal hombre.
No sabemos más de Eva y cuando sus hijos tuvieron el conocido conflicto entre agricultores y ganaderos nómades, Eva no aparece. Debe de haber muerto sin duda pero no sabemos que otra cosa hizo, quizá porque lo que se le achaca ya es bastante.

II. ENHEDUANA Y LAS DEMAS SUMERIAS

Si podemos hablar de Enheduanna y las otras mujeres sumerias y no estamos en condiciones de tratar acerca de mujeres anteriores, es porque los sumerios inventaron la escritura, que era cuneiforme, grabada en tablillas horneadas, por lo cual tenemos los primeros testimonios directos a partir de ellos. Los sumerios idearon además como hacer ciudades, ya que ellos hicieran las primeras conocidas (empezando según parece por Eridu) y como hacer fortificaciones, ya que ellos hicieron la primer ciudad fortificada (Uruk en el S. XXVIII aJC). Los sumerios son los inventores nada menos que de la rueda (antes del 3000), sus mitos de la creación son curiosamente similares a los posteriores judíos que se hicieron luego cristianos y ellos tuvieron una gran inundación con un héroe que salvó las especies y que estuvo siete días a bordo de su nave. Hay una diferencia de días (los judíos dicen que fueron cuarenta), pero si uno observa las tradiciones semitas, hablan de cuarenta siempre que era "mucho tiempo" y así fueron los días de Jesús en el desierto o los de Mahoma en su retiro. A los sumerios debemos también el arco en arquitectura y por sobre todo el ordenamiento religioso ya que

9

ellos son que idearon el politeísmo, con dioses específicos a cargo de diferentes tareas, cambio fundamental hacia el monoteísmo posterior.

Como se ve un pueblo innovador, totalmente revolucionario para la época y del cual siguieron alimentándose los acadios, los elamitas, los asirios, los caldeos, los fenicios, los judíos, los egipcios, es decir la Humanidad sucesiva. Este pueblo que se dice que venía del Caspio, se ha supuesto también, según dicen Jeff Wein y otros, que eran seres de otro planeta que necesitaban el oro para su vida y así llegaron a África del Sur. Ante las quejas de los trabajadores de las minas, hicieron una ingeniería genética y crearon esclavos que les servían para estas tareas poco gratificantes de golpear la roca para sacar oro para otros; para hacer la historia breve, los esclavos se fueron y se llevaron consigo ciertos conocimientos. Los sumerios señalaron las descripciones detalladas de otros planetas que se presentaron a la NASA antes de que tuviéramos esos datos y que fueron luego confirmados. El hecho de que describieran los planetas empezando por Plutón, luego Neptuno, etc., como si hubieran vivido en ese lugar intermedio, así como la descripción de un planeta, el 12°, llamado Marduk que tenía una órbita excéntrica que pasaba cerca de la Tierra cada 3600 años y que estaba habitado por humanoides que ellos llamaban Nebiru, son elementos que favorecen la teoría extraterrestre de los sumerios. Pero en definitiva lo único concreto que sabemos sobre el origen de los sumerios, es que no tenemos la menor idea de donde llegaron.

Pues bien, en ese pueblo las mujeres podían tener propiedades, podían negociar, tener comercio, estar en juicio, pero debían aceptar tres años de esclavitud para pagar deudas del marido. El matrimonio era un contrato donde se negociaban los detalles. En general el novio daba una cantidad de plata que perdía si se echaba atrás, de la misma manera que la mujer debía pagar el doble de la cantidad recibida si se divorciaba. Esta devolución no correspondía si la mujer era probadamente infértil, todo lo cual se dirimía ante juzgados designados por el mismo pueblo en mesas de cinco o seis jueces. Algunas tablas sobre divorcios, como la traducida por T. Meek, sugieren que las partes alcanzaban acuerdos económicos sin necesidad de llegar a juicio. El pueblo sumerio era flexible y prefirió siempre tener leyes claras con penalidades económicas y con posibilidad de negociar las circunstancias cotidianas.

Era además un pueblo con estilo. Entre otras actividades la música era la preferida y principal. Las cantantes sumerias tenían lugares especiales, un trato diferente y eran consideradas especialmente. Entre estas se sabe de UR-NINA, en Mari hacia el 2.500 a.JC.

En esta época, en Ur, reinaba SHUDI-AD, quien tuvo una Corte exquisita y cuyo funeral ha pasado a la historia por su magnificencia y por los coros que en él cantaron. Su influencia fue importante a pesar de haber muerto cuando tenía apenas cuarenta años.

Otro aspecto importante de la cultura sumeria era su afición a la cerveza. Esa no era la cerveza que hoy conocemos sino un líquido más espeso y era un negocio que estaba en manos de mujeres. Las tabernas curiosamente eran regidas por mujeres y entre las que consiguieron algún ascenso en su vida esta KU-BAU, que tenia su propiedad y negocio en Kish. Hacia esa misma época y por razones que desconocemos fue elegida reina de la ciudad. Los tiempos eran turbulentos, pero Ku-Bau se mantuvo en el poder, amplió la influencia de Kish sobre otras ciudades del área y dejó el trono a sus hijos que reinaron generación tras generación durante cuatrocientos años. Fue además una mujer humilde que se hizo designar como "Ku-Bau la mujer de la cerveza" y no con las denominaciones fastuosas que los reyes suelen elegir para ser recordados por la posteridad.

ENHEDUANA era hija de Sargon el Grande, rey de Akkad. Tanto de ella como de la mayoría de las mujeres de la antigüedad tenemos pocas noticias. Enheduana escribió por lo menos cuarenta y dos himnos que se conocen. Fue la sacerdotisa mayor de la diosa de la luna, Nanna, en Ur, por más de veinte años. Era reconocida por su energía y por su ambición. La sacerdotisa debía tener relaciones con el rey del lugar una vez por año como renovación del matrimonio sagrado (lo civil y lo religioso) que mantenían la prosperidad. Un año le tocó con su cuñado, Lugalanne que parece que fue muy entusiasta en la forma de relación que permitía que las sacerdotisas no quedaran embarazadas. Enheduana maldijo a la ciudad de Uruk y puso un anatema sobre ella, al tiempo que contaba los excesos cometidos por su cuñado. Esto muestra que era una mujer de carácter fuerte.

Cuando murió su padre y tomó el poder su nieto Naram Sin luego del reinado de los hermanos de ella, la echó de su puesto y de todo
privilegio. Sin embargo ella, ya mayor, continuó con su impulso, escribiendo. No

13

tenemos fechas exactas, pero tomando en cuenta los reinados de Sargon y Naram Sin, esto ocurrió en el S. XXVI a.JC.

El caso de INNASHAGGA, seguramente antes del caso anterior, refleja la forma civilizada en que los sumerios solucionaban sus conflictos y también la fuerza de una mujer que luchó por sus derechos. Innashagga se había casado con Dudu. El hijo de ellos no se iba de casa a pesar de ser tiempo ya que lo hiciera. El matrimonio acordó en que se fuera a vivir a una casa propiedad anterior de Innashagga, quedando en claro que era de su propiedad.
Cuando Dudu se murió, el hijo se negó a devolverle la casa y reclamó aun sus derechos sobre un esclavo que el marido le había legado a ella. El juicio fue favorable a la mujer y entonces los herederos reclamaron sus derechos sobre los hijos del esclavo, esclavos a su vez. Innashagga continuó luchando y volvió a ganar. Nos llegó como ejemplo de una persona íntegra y tenaz.

KUBATUM fue sacerdotisa alrededor del 2000 a.J C.de la diosa Innana, diosa del amor y la guerra, hermana de la diosa de la luna, Nanna. Siguiendo la tradición tuvo relaciones sexuales cada año con el rey Shu-Sin como ya vimos en el caso de Enheduana. En esta reunión sin embargo las cosas fueron diferentes y ambos

pasaron más que la noche reglamentaria
juntos. La importancia de Kubatum no es la
empatía sexual con el rey, sino los poemas
que escribió a partir de estas relaciones.
Estoas poesías de una gran belleza fueron
tomadas más tarde por los escritores hebreos
para escribir la Canción de Salomón. Viky León
nos transcribe este quinteto:

Mi querido, lávame con miel
En la cama que esta llena de miel,
Gocemos nuestro amor.
León, déjame darte mis caricias,
Mi querido, lávame con miel.

La miel y la leche son eufemismos habituales
en la poesía del Medio Oriente por amor o
sexo.

De esa época tenemos noticia aunque muy
pocos datos de una reina ABISIMTI, que tuvo
una posición de privilegio en vida de su marido
y cuando éste murió siguió en el trono por
treinta años, o sea un total de cuarenta y siete
años. Abisimti fue reina de Ur en el S. XXI

AMAT-MAMU fue escriba. Esto no era fácil en la
época, porque el negocio de ser escriba era
caro, complicado (el lenguaje cuneiforme tenia
seiscientos símbolos) y estaba dominado por
varones. Amat-Manu era de una familia de la

alta sociedad, como muchas sacerdotisas. El carácter de sacerdotisa no era igual al de la monja actual. Las sacerdotisas de esa época (S. XIX a.JC) podían casarse, podían salir del convento y volver y lo único que no se les permitía era tener hijos. Amat-Manu transcribió el código de Hammurabi, lo cual ya de por sí fue una tarea importante, pero lo más importante es que ella y su grupo de sacerdotisas que habitaban en el claustro de la ciudad de Sippar, dejaron muchos testimonios de la vida de las mujeres en la sociedad de los sumerios que nos ha permitido tener una información que de otra manera nos hubiera faltado.

En esta misma época SHIBTU fue reina de Mari, una ciudad más al norte. Casada con Zimri-Lim, liberaron la ciudad de la ocupación asiria y comenzaron un largo reinado que duró varias décadas. Muy activos en la escritura nos han dejado una gran cantidad de cartas y textos oficiales sobre temas de todo tipo, ya que Shibtu se encargaba de las cuestiones de palacio que incluí una industria textil, depósitos, trabajo con cuero, bienes lujosos, la educación de más de diez hijos, la administración del palacio y a tarea asignada a los esclavos. Durante esos años su industria y diplomacia permitieron a Mari mantenerse al margen de los conflictos de la zona, inclusive cuando apareció Hammurabi que arrasaba con una ciudad tras otra. Pero Mari cayó también en 1695 a.JC. y fue por fin arrasada dejándola convertida en polvo. Toda su belleza desapareció, pero Hammurabi no advirtió una cantidad de tabletas de barro que habían escrito Shibtu y su familia y nos dejó ese tesoro para nosotros.

Antes de que esto ocurriera el matrimonio reinante en Mari había arreglado el casamiento de una de sus hijas, KIRU, con el rey de Ilansura. Al mismo tiempo Zimri-Lim designó a su hija alcalde de Ilansura, lo que le daba poder sobre su marido Haya-Sumu. Kiru parece que era eficaz en su puesto y mantenía informado a su padre sobre la situación en Ilansura y en esa zona del norte. Sin embargo la situación con su marido fue empeorando al punto en que él la amenazó de muerte. Ella le pidió a su padre que la sacara de Ilansura y la acusó a su media hermana Sibatum, esposa de rango menor de Haya-Suma, de actuar contra ella. A pesar de la negativa de ésta, el padre optó por aceptar la vuelta de Kiru. El ascenso de Sibatum a esposa principal dejó en claro su objetivo, aunque no fue designada alcalde. Kiru fue una buena administradora y supo gobernar. Su historia nos llega de lejos en el espacio y el tiempo, pero es similar a otras contemporáneas.

A otra de sus hijas INIB-SARI la casó con Ibbal-Adu, rey de Aslakka y Nabur. También esta se quejó del trato de su marido. El padre le dijo que se fuera a Aslakka, pero el marido siguió maltratándola. Escribió muchas poesías sobre esto, pero no sabemos como fue el final de la historia.

IV.LOS AMABLES EGIPCIOS

Alrededor del Nilo, considerado el río más largo del mundo, se fueron reuniendo pobladores, que con el tiempo se hicieron naciones. Esa zona, Nubia al sur y Egipto al Norte, se dividió a su vez en el Alto Egipto y el Bajo Egipto. Las luchas terminaron con la reunión en un solo Egipto en el año 3000 a.JC. por la acción de un hombre mitológico, Menes, pero por ejecución de Narmer, el primer Faraón de la primera dinastía.
Egipto fue una cultura que se mantuvo prácticamente intacta durante tres mil años. Esto es mucho más de lo que cualquiera otra lo ha conseguido hasta hoy. Aunque pudiera ser aguerrida con sus vecinos y aunque fuera invadida por nubios o hyksos, tenía un espíritu especial. Así, por ejemplo, hasta la época de unión en ambas áreas las personas iban desnudas. Después comenzaron a usar vestimentas desde la cintura pero aun cuando se vistieron finalmente todo el cuerpo, lo hacían con tejidos que dejaban claramente a la vista lo que estaba bajo ellos. La sucesión se regía por la línea femenina, es decir que aunque los varones ocupaban la mayoría de los puestos, la sociedad era matrilineal, lo que puede explicar el mito o realidad del

19

casamiento entre hermanos para mantener el derecho sucesorio al trono.

La mujer egipcia gozaba de una vida más confortable que la de todas sus vecinas. Durante esos cientos de años pudo legar sus bienes, comerciar libremente, caminar por las calles sin compañía ni límite, comer en publico, vivir en fin sin más que los limites necesarios para estar en sociedad. La mujer era la que tomaba la iniciativa en los galanteos y han quedado numerosas cartas de mujeres y pocas de hombres, pidiendo citas o presionando directamente. El matrimonio era monogámico y aunque la mujer adúltera podía perder sus bienes si el marido la echaba, si el marido se divorciaba por otras causas, debía darle una muy importante parte de los bienes comunes. La mujer usaba cosméticos, se vestía ligeramente e inclusive iba desnuda hasta los trece años igual que los varones o desnudos desde la cintura hacia arriba en los primeros imperios. Las bailarinas eran aceptadas en toda la sociedad sin prejuicio. Era en fin una sociedad amable.

Fue además una sociedad que supo hacer la guerra, desarrolló la astronomía, construyó edificios y sigue siendo un enigma como pudieron construir algunos de ellos; fueron muy buenos médicos, haciendo posible la

20

trepanación craneana como práctica normal, fueron buenos matemáticos y fabricaron uno de los mejores papeles de la Historia, el papiro, que se ha conservado por hasta 5000 años. Herodoto escribe su sorpresa cuando visito Egipto y se encontró con las mujeres negociando y vendiendo y los varones en cuidando sus casas. Para un griego o un romano esto era inaudito.

El régimen político que rigió durante tres milenios fue el de un Faraón que tenía plenos poderes. Los religiosos, especialmente los cultos de Amón y Ra podían poner un freno a sus exageraciones pero en términos generales los Faraones no tuvieron el carácter desmesurado que impregnan la figura de los emperadores romanos. La misma palabra Faraón conlleva consigo el masculino y fueron varones quienes ocuparon ese puesto. Pero como toda regla general tuvo sus excepciones y hubo mujeres que ejercieron ese poder. En muchos casos es muy poca la información que tenemos, pero en otros es prolífica.

Alrededor del 3100 a.JC., Hor-Aha subió al trono. Era hijo de Narmer, el unificador de Egipto y tenía por esposas a Benerib y a KHENTHAP. De esta tuvo a su sucesor y cuando Hor-Aha murió, su viuda se hizo nombrar reina y obtuvo los honores de tal en los cartuchos y en el funeral. No tenemos más

21

noticias de ella, porque como siempre los cronistas son varones y en algunos casos incluso ignoran su existencia o la de otras mujeres importantes.

MERIETNET fue probablemente la primer mujer en gobernar el Egipto unificado por Narmer, sola. Esposa del Faraón Djer, quien murió prematuramente alrededor de 2815, tomó la regencia de su hijo, aun menor de edad, Den y la ejerció seguramente por unos quince años. No tenemos datos más específicos sobre ella salvo que se construyó una tumba menor y otra más lujosa para ella y que sin duda hubo de ser una mujer de habilidad y carácter suficientes para ocupar ese puesto de Reina. Sabemos que cuando murió cuarenta servidores suyos fueron muertos y enterrados junto con ella. Su marido se había llevado con él al otro mundo 400 servidores. Esta costumbre dejó luego de usarse.

MERIT PTHA, PESESHET y otras fueron mujeres que llegaron a ocupar cargos de jefatura en la medicina. Egipto fue avanzado en esa ciencia, no solo por la habilidad para embalsamar sino por la habilidad para curar, incluidas trepanaciones de cráneo. Esta era una actividad en la que los hombres eran mayoría. Algunas mujeres a lo largo de la historia de Egipto fueron doctoras y menos aun llegaron a ocupar cargos preeminentes en la estructura de esta profesión.

Hija probablemente del Faraón Huni, esposa del Faraón Sneferu y madre del Faraón Khufu, podemos recoger datos indirectos de la enorme influencia que tuvo en la corte y en el tiempo de su marido y de su hijo, HETEPHERES. Khufu no la escuchaba sino a ella y ella supervisó las mastabas de su padre y de su marido y la pirámide de su hijo en Giza. Sabemos que viajó mucho y por su tumba, que vivió muy ricamente. La influencia de Hetepheres fue importante durante ese período aunque no tengamos más datos, ya que si bien fue reconocida por su hijo y los siguientes faraones, no es tomada en cuenta en las nóminas posteriores, como demostración del imperio masculino en el trono.

KHENTKAWES inició la quinta dinastía en el 2392 a.JC. Micerino había muerto sin descendencia y seguramente proviniendo de las altas jerarquías del culto, la reina lo introdujo a Userkaf. La inscripción de ella aparece como "Reina y madre de Rey", lo que lleva a la conclusión a través de su imagen en algunas reproducciones de que ejerció el poder específicamente y luego, casada con Userkaf tuvo a dos hijos que a su vez fueron Faraones. Su tumba no es una pirámide y apenas se puede definir como mastaba. No tenemos más datos de ella que alcanzó una jerarquía reservada a los varones y que la ejerció durante su tiempo.

NITOKRIS fue hija de Pepi II penúltimo Faraón de la VI dinastía quien dejó el trono el año 2136, objeto de una conspiración que lo asesinó. Los conspiradores pusieron en el poder a su hija Nitokris, quien reinó durante 12 años, cerrando un período importante de la historia egipcia. Mantuvo el país en orden y su hecho más notable fue que construyó un gran subterráneo adonde invitó a todos los conspiradores de la muerte de su padre. Cuando estuvieron adentro, abrió las compuertas que tenía preparadas y los ahogó. Según parece se suicidó y no dejó descendencia.

Casi al final de la XII dinastía, en el S. XVIII a.JC., reinó Amenhemet III, quien tuvo un hijo varón y otra mujer, con dos esposas diferentes. Amenhemet IV su hijo varón reinó a su muerte pero no tuvo descendencia por lo cual cuando él falleció subió al trono su medio hermana SOBEKNEFERU. Sobekneferu ignoró el parentesco con su hermano y se refirió siempre a su padre Amnhemet III.

Sobekneferu reinó con plenos poderes y luciendo todos los ropajes y distintivos faraónicos entre 1740 y 1736. Mantuvo las fronteras, incluyendo las que proveían a Egipto del oro de Nubia y murió sin descendencia, dejando el espacio para una nueva dinastía.

Los hyksos fueron expulsados de Egipto a mediados del S. XVI. Al nuevo Faraón Taa I continuó Taa II quien se casó con AHHOTEP. Ahhotep era guerrera y luchaba junto a las tropas contra los hyksos. Ganó por tres veces el máximo premio del Ave Dorada al valor y en su tumba se encontró un trío de 24 carates de triunfos y espadas de gran belleza.
.

Tuvieron una hija, AHMES-NEFERTARI quien tuvo una gran influencia en la lucha final contra los invasores y siguió ésta junto a su marido y hermano el Faraón Ahmose y I, fundador de la XVIII dinastía, una de las más importantes de Egipto. En esa época lo religioso y lo político estaban aun muy interrelacionados y eran ambos los poderes fundamentales del país. Esta influencia siguió junto a su hijo Amenhotep quien para oficializar el poder que tenía su madre la nombró Esposa del Dios, Amón, lo que la convertía en la cabeza del sacerdocio y en cuasi par del Faraón. Enriqueció los ritos y los festivales, llevó a cabo varias obras y trabajó

25

en la formación de lo que fue el Valle de los Reyes, importante cementerio que realizó con su hijo. Ahmes vivió aun después que su hijo y siguió junto con Tutmosis I su sucesor. El día de su muerte fue un día de gran luto para Egipto y su funeral fue excepcional.

En la larga historia de Egipto tres mujeres han llamado la atención de los historiadores: Hatsheptsut, Nefertiti y Cleopatra, por distintas razones sin embargo. Hemos llegados aquí a la época en que vivió la primera de ellas.

HATSHEPSUT nació seguramente en 1506 a.JC., hija de Tutmosis I y Ahmes B., en plena XVIII dinastía. Se casó con su hermano Tutmosis II quien tenía otra esposa, Iser quien a pesar de haberle dado ya un heredero fue siempre la segunda esposa. Tutmosis II reinó dos o tres años entre 1482 y 1479. Su hijo y heredero Tutmosis III tenía entonces seis o siete años lo que hacía necesario alguien que gobernara. Hatshepsut se hizo designar Regente y gobernó durante quince años, hasta los 21 de su sobrino. A poco de tomar el poder se hizo nombrar Reina de Egipto. Sus estatuas a lo largo de los años fueron más masculinas, incluyendo un mechón, típico de los faraones bajo la barbilla y los ropajes correspondientes a un Faraón. Durante su tiempo de reinado se mostró guerrera con expediciones al Medio

Oriente y la conquista de Nubia., fue comercial en sus relaciones con Punt que habían sido abandonadas y construyó y embelleció numerosos edificios, en especial su mortuorio en Deir el Bahri, al oeste de Tebas. Hatshepsut fue Faraón, lo cual es absolutamente extraordinario y aunque Tutmosis III borró cuanta aparición pudiera haber acerca de ella (lo que ocurría a menudo en Egipto), no pudo evitar que quedaran varias que demuestran el poder que tuvo esta mujer extraordinaria. La última referencia a ella es a los treinta años de su reinado, sumados los co-reinados con su marido y con su hijo. Su desaparición no parece tener ningún otro significado que su retiro de la función pública y una posterior y cercana muerte natural en su cincuentena

TIYE estaba casada con Amenhotep III un gran Faraón que dejó a su muerte un Imperio mayor y más rico. Fue una mujer influyente y tuvo mucho que ver con la reforma posterior que hizo su hijo Amenhotep IV, ya que habiendo sido asesinado su hijo mayor Tutmosis, el heredero resultó ser su hijo segundo, a quien ella había dedicado una formación más espiritual y artística que si hubiera sido el sucesor destinado. Tiye es además hija de Yuya, quien por su procedencia, los grandes títulos que ostentó y su facie para nada egipcia, se asegura que pudo ser José aquel joven que fue vendido por sus hermanos según relata la Biblia. Esta educación que había recibido, hizo que Amenhotep IV se dedicara más a obras religiosas y artísticas que al gobierno de un país que no tenía problemas, aunque como siempre los mitanios lo guerrearan en el noreste. La información que hemos recibido es la de una activa actuación de Tiye siendo ya viuda, en los negocios del Estado, demostrando además ser una mujer hábil y astuta.

Llegamos así a una de las mujeres más importantes no solo de Egipto sino de la Historia: NEFERTITI. Nefertiti parece haber sido hija de Ay, sobrina por tanto de Tiye y prima entonces de su esposo. Vivió en la segunda mitad del S. XIV, tuvo seis hijas, pero el varón que siguió después, Tutankamón era hijo de Amenhotep pero su madre era Nefertiti lo siguió a Amenhotep en todo el proceso de su reforma, lo inspiró en ese Salmo a Aten que fue tomado después como Salmo bíblico, eligió con él el lugar donde construir Tell-el-Amarna, la ciudad para su dios y estuvo siempre en lugar igual a él en todas las reproducciones que tenemos. Nefertiti lo siguió, lo inspiró y lo ayudó en una evolución inmensa, fundamental, espléndida para la Humanidad:

28

la creación del monoteísmo. Akhenaten creó e impuso el dios único, Aten, no el mayor entre otros, sino el único y este es un paso enorme en la Humanidad del que Nefertiti participó activamente. El himno a Aten, del que ella es parte, fue tomado luego como Salmo bíblico.

En "Como nos sometimos judíos y cristianos", ya he analizado en que forma las personas de Akhenaten (nombre que adoptó Amhenotep IV) y Moisés, se superponen en historias demasiado coincidentes como para no concluir que son la misma persona. El súmmum es el texto escrito setecientos años después sin ningun documento que sostenga la historia de esa vuelta de Moisés para reclamar a Ramses II por su pueblo, que no estaba para nada oprimido y ni siquiera tenía una identidad o un líder. La historia tiene más que ver con Akhenaten reclamando su trono con dos ejercitos desplegados, uno en el norte y otro en el sur. Derrotado el del norte, Moisés-Akhenaten acuerda con Ramses dejar el centro de Egipto, recibir tierras en un lugar marginal del Imperio (Canaán) a cambio de ser respetadas sus vidas. Moisés-Akhenaten muere en la colina desde donde se ve la tierra de Canaán y ordena ser enterrado en lugar no señalado. ¿Estaba grave? ¿Decidió morir? Este es otro punto oscuro que se dá por supuesto siendo que la muerte o se induce o viene cuando quiere. No tenemos ninguno de los tres cadáveres. Por lo cual no se pueden sacar otras conclusiones que las que da la Historia. Esto influye también en el proceso posterior: cuando su marido se va, bajo la presión cada vez más fuerte de los sacerdotes de Amón que no aceptan el monoteísmo, lo sucede Smenkare-Neferneferuaten que era su co-regente, es decir Nefertiti. Lo lógico es que ella quedara como Faraón bajo ese nuevo nombre y si bien se casa con su hija Meritaten, nunca tuvieron hijos siendo que Meritaten había tenido una hija del tiempo en que fue segunda esposa de su padre. En todo caso el reinado de Smenkare fue corto y lo siguió Tutankatón que cambió su nombre por Tutankamón y empezó a dejar de lado a Aten, lo que no había hecho Smenkare e hizo las paces con los sacerdotes de Amón.

A pesar de que había hecho preparativos para su funeral y su tumba, no se sabe cuando o como Nefertiti murió, como tampoco se sabe acerca de Smenkare, suponiendo que fueran dos personas diferentes.

MERITATEN fue la hija mayor de Akhenaten y Nefertiti. No fue una mujer extraordinaria pero tuvo una vida particular. Por de pronto fue por poco tiempo segunda esposa de su padre, con el que tuvo una hija. Cuando su padre se fue quedó domo esposa de Menkare, al que ya me he referido y según parece murió en ese tiempo.

Le dejó el lugar a su hermana ANKHESSENAMUN quien tampoco fue una mujer extraordinaria pero que según parece compartió el lecho con su padre, luego fue esposa menor de Smenkare y por fin lo fue de Tutankamón, con quien tuvo dos hijos que murieron. Cuando a su vez murió Tutankamón la persona que seguía en la línea sucesoria era Ay, nada menos que su abuelo. La posibilidad de casarse con su abuelo excedió la paciencia de Ankhessenamun y tomó la decisión de buscarse un marido digno del trono. Para ello escribió al rey hitita Suppiliulima, explicándole la situación y pidiéndole que le mandara a un hijo con quien ella se casaría y lo haría Faraón (la línea sucesoria en Egipto era matriarcal). Suppiliulima no la tomó en serio. El tiempo se acortaba ya que una vez embalsamado Tutankamón había que proclamar al nuevo Faraón, y Ankhessenamun insistió ante Suppiliulimna. Esta vez el rey hitita le hizo caso y lo mandó a su hijo Zannaza. Confirmado los temores de Ankhessenamun, Zannaza fue interceptado y muerto en la frontera y ella se tuvo que casar con su abuelo el mismo día de los funerales de Tutankhamon

TAWOSRET se casó con Seti II y subieron al trono en 1202, durante la IX dinastía. Seis años después su marido murió y su hijo Siptah era menor, por lo cual ella tomó la regencia. Cuando poco después su hijo murió se hizo coronar como Faraón. Estuvo algunos pocos años como tal y seguramente fue destronada por Sethnakte, en 1188, quien tomó el poder. Tawosret tanto durante la co-regencia, cuanto durante la regencia y sus años como Faraón, demostró un fuerte carácter.

En el año 664 a.JC. Psamético I inició la XXVI dinastía. El poder religioso seguía siendo importante y Psamético consideró que el sumo Sacerdote debía de ser de su confianza. Así en el noveno año de su reinado mandó a su hija mayor, NITIQRET a Tebas. Allí el Faraón negoció con los sacerdotes un acuerdo por el cual luego de los dos sucesores naturales al sumo Sacerdocio, la siguiente sería su hija. Y así fue, aunque en realidad alguno de los sucesores fue dejado de lado. Nitiqret fue Esposa de Amón, con todas las riquezas y el poder que esto significaba, cargo que supo mantener por los siguientes 25 años, lo que demuestra su habilidad y fortaleza.

HELENA de Alejandría fue pintora. En 332 a.JC. pintó la batalla de Alejandro contra los persas. Sus pinturas eran de paisaje y de guerra. Con su padre y mentor, Timor, estudió en la escuela de Asia Menor y su exquisitez hizo que el emperador Vespasiano, siglos después recuperase su pintura de Alejandría y la llevara a Roma.

HELENA DE DEPRANUM, nació en 248 esa población hija de la camarera de la taberna, donde ella trabajó y conoció a un oficial romano con el que se casó y que terminó siendo el emperador Constancio. Este murió en 306 y su hijo Constancio lo sucedió. La madre lo incitó a favor del cristianismo y se supone que su influencia fue fundamental para la proclamación en la Puente Milvio en 312 y en la liberación del cristianismo después de su victoria. Helena recorrió Palestina y erigió la Iglesia de la Natividad en Belén y la Iglesia del Sagrado Sepulcro donde encontrara una cruz que creyera ser la cruz de Cristo, ambas aun en pie. Su influencia fue muy importante a favor del cristianismo. Murió en 328 en Tesalónica.

Ptolomeo III se casó con BERENICE II. Durante la campaña que llevó a cabo en la conquista de vastos territorios del Asia Menor, Berenice gobernó Egipto con autoridad por más de cinco años. Cuando Ptolomeo murió y ella asumió el poder. Sin embargo su hijo, Ptolomeo IV no la dejó mucho tiempo gobernando sino que la envenenó, junto a su hermano menor. Además del mérito de Berenice como gobernante ocurrió en su reinado que fue descubierta una piedra fundamental: la Rosetta. Esta piedra ha permitido que tras el prolijo trabajo por años de Jean Francois Champollion a principios del S. XIX, se descifraran los jeroglíficos egipcios, abriendo un enorme campo al conocimiento de la Humanidad.

Y así llegamos a la más popular, conocida y filmada en sucesivas artistas, de todas las mujeres egipcias: CLEOPATRA. Cleopatra VII, ese era su verdadera nombre histórico. Conocida por sus relaciones con Julio Cesar y Marco Antonio, se había ya casado con Ptolomeo XII, su padre y con Ptolomeo XIII su hermano. Con él fue co-regente a los 19 años, el año 51 y tres años después él mismo la expulsó del poder. Pero Cleopatra fue reinstalada ese mismo año 48 por Julio Cesar. De su amorío nace Ptolomeo XV de quien fue regente después de ser co-reina con su hermano Ptolomeo XIV. Entre el 46 y el 44 estuvo en Roma invitada por Julio Cesar quien le hizo una estatua de oro en su Foro pero cuando Cesar fue asesinado Cleopatra y su hijo volvieron a Egipto. Entonces apareció Marco Antonio con quien tuvo tres hijos y con quien parece que se casó, conviviendo y correinando catorce años. Finalmente Octavio llegó de Roma donde había fundamentado su poder, y luego de tres años de lucha venció a Marco Antonio quien se suicidó mal informado de que Cleopatra se había matado y provocó así el suicidio de Cleopatra. Trascurría el año 30 a.JC.

De esta manera se cierra no solamente una dinastía o un sistema de gobierno, sino un Imperio que había sido un centro de la Humanidad durante nada menos que tres mil años.

III. LA ANTIGÜEDAD EN LA MESOPOTAMIA Y OTRAS REGIONES

Después de los sumerios y de los egipcios hubo otras sociedades con importantes representantes del sexo femenino. Pero al mismo tiempo que aquellas, en distintas regiones se hicieron notar mujeres que mostraron su valor y su valía. A ellas vamos a dedicar este capítulo, aunque sea una mezcla de regiones y actividades varias.

Siguiendo un cierto orden cronológico, nos encontraríamos en primer lugar con

GWENDOLEN esposa del rey Locrinus de los bretones. Cuando este la dejó por su amante Estrildis, Gwendolen armó su propio ejercito y en las soledades del S. XI a.JC., venció a su marido cerca del río Stour y tomó el poder. Su primer acto fue ahogar a Estrildis y el hijo que había tenido con su marido en el río Severn. Reino durante quince años en paz, agregando otros territorios por derecho propio y abdicó dejando el trono en manos de su hijo Maddan que había tenido con Locrinus y vivió el resto de su vida en Cornwall.

PUDUHEPA fue esposa del rey Hattisili, rey de los hititas. Los hititas fueron un fuerte imperio que dominó por siglos la actual Turquía y llegó a dominar Egipto. Puduhepa que fue sacerdotisa cuando joven se casó después de los cuarenta con el rey e intervino en las cuestiones de gobierno desde el principio y de manera activa y no solamente ceremonial o en las ausencias del marido. Durante veintidós años trabajó junto a él y la numerosa información que dejaron los hititas nos muestra a una reina activa y en permanente conexión con las reinas de otros países. Durante ese tiempo se firmó el tratado de paz con Egipto que se consolidó con el casamiento de su hija Naptera con el Faraón Ramsés II.

MAKEDA, llamada reina de Saba, que en realidad era Yemen y parte de Etiopía, es conocida por una leyenda que dice que viajó a Israel (2.000 kmts. lejano de su reino) con la intención de vender productos al rey Salomón. La relación fue fructífera en varios sentidos y cuando volvió a su reino dio a luz a un hijo que había engendrado en esa lejana tierra, Melenik, que es desde entonces la cabeza de la descendencia real etíope. Hay que tener en cuenta sin embargo que todas las investigaciones arqueológicas no han podido aportar un solo elemento a favor de la existencia de Salomón y solamente la Biblia habla de él y su gran reino. Lo más probable es que Salomón sea una leyenda desarrollada en el s. VII a.JC. o posteriormente. Sin embargo para alguien en la descendencia etíope de Makeda valió la pena establecer esta filiación para Menelik. Es probable que nunca sepamos la verdad de esta doble leyenda, la existencia de Salomón y la paternidad de Menelik (¿siendo hijo de un gran rey tan lejano, sería improbable que le fuera negado el ascenso al trono?).

La fantasía con que se adornan sucesiva y exageradamente historias incomprobables como esa, alcanzan también a SEMIRAMIS, princesa caldea que se caso con el rey de Asiria Shamsi-Adad V. El rey murió joven aun en el año 811, dejando a su hijo menor como sucesor. Adad Nirari reinó bajo la regencia de su madre, quien tenía fama de ser mujer de carácter fuerte. Hasta aquí pisamos terreno firme, a partir de aquí, no se sabe muy bien cuanto de lo que se habla de ella es real, pero Herodoto la hace responsable por los sistemas de riego de Nínive y Babilonia, la regulación de los ríos y varias campañas guerreras en la India, alianzas con Turquía y la adopción del pantalón como prenda más cómoda y que acercaba a las mujeres al hábito de los hombres. Se dice de ella que empleaba eunucos porque al no tener distracciones sexuales se dedicaban más al trabajo y en el otro extremo era sexualmente ávida y un tanto cruel: tomaba sus amantes de entre los miembros de su ejército que le gustaran pero los hacia matar a la mañana siguiente para que no contaran las aficiones sexuales de la reina. Cuando dejó la regencia según parece cinco años después de la muerte del marido (806 a.JC.), no se tienen otros datos que los pocos históricos y los muchos adjudicados por los griegos a esta mujer notable.

Cartago fue fundada en el año 814 a.JC. La cuestión empezó en Tiro, una de las tres grandes ciudades fenicias sobre el Mediterráneo oriental, cuando su rey, Pigmalion por razones que no son claras mató al marido de su hermana Elissa, o sea su cuñado. Elissa no se resignó a quedarse en Tiro y con un grupo de leales se fue hacia el oeste y así llegó a Chipre, en busca de ayuda. Estuvo algún tiempo en la isla, donde su nombre varió al griego y por fin al sobrenombre griego de su nombre. Ahora era DIDO y como tal siguió adelante con su expedición hasta que en la costa africana ya cerca del Estrecho, encontró un lugar particularmente apto para una ciudad y allí fundó Cartago, con lo que consideró que había logrado el objetivo no tan especifico que tenía al dejar Tiro. Compró la tierra equivalente a una piel de toro, pero cortada de tal manera que terminó siendo una circunferencia de cuatro kilómetros de lado. Dido gobernó Cartago que se convirtió en una ciudad próspera. Tiempo después el rey de Libia, Harbias, le propuso matrimonio. Ante la situación Dido-Elissa resolvió no traicionar la memoria de su primer marido, preparó una pira a la que ascendió y murió quemada.

No existen datos ni leyenda de cómo llegó NAQI'A a Asiria. Según parece terminó (o empezó) en el numeroso harem del rey Senacherib y a partir de ese espacio comenzó a ascender hasta llegar a ser la esposa del rey asirio. Con él reinó hasta la muerte del monarca, a quien sustituía con plenos poderes cuando él se iba a sus numerosas campañas (los asirios eran esencialmente guerreros). La existencia de varias concubinas producía una gran cantidad de posibles herederos. Sin embargo Naqi'a indujo a su hijo mayor cuando tenía ya edad para tomar el trono, para matar su padre. Era el año 681 a.JC. Esarhadon dejó buena parte del poder en manos de su madre que se dedicó a mejorar Babilonia que había sido dejada de lado por su marido. En el 669 Esarhadon murió en batalla y Naqi'a resolvió que quien debía tomar el trono era su nieto menor Asurbanipal, dejando de lado a sus hermanos mayores. Y así lo hizo. Durante su larga vida gobernó en las numerosas ausencias de su marido de su hijo y de su nieto. A diferencia de Semíramis no pretendió tomar el trono.

En el S. VI a.JC. reinaba en Cirene el rey Battus. A pesar de ser un lugar particularmente fértil de la costa Mediterránea, en la actual Libia, el rey demostraba su ineptitud manteniéndola pobre. Cuando murió se produjo un conflicto por el cual su hijo y su mujer debieron dejar Cirene. Arcesilao quiso retomar la ciudad capital, Barca, pero fue muerto. Su madre PHERETIMA después de fracasar en alguna búsqueda de apoyo importante, consiguió con el de los egipcios bloquear la ciudad e intimar s que les entregaran a quienes habían muerto a su hijo. La ciudad se negó y comenzó el bloqueo que terminó con la intervención de los persas forzando a los barquinos a permitir la transferencia del poder a su antigua poseedora, con la seguridad de que todos serían respetados. Pheretima tomó el poder y asesinó a todos los que habían intervenido en la muerte de su hijo y a sus esposas, y continuo gobernando sin mayores dificultades.

En 547 murió en Babilonia ADAD-GUPI. Tenía 102 ó 104 años. Madre del rey Nabonid, último antes de que Ciro tomara Babilonia, durante cuatro reinados Adad-Gupi fue Sumo Sacerdotisa, pero durante las ausencias del rey fue seguramente quien administró el gobierno. Fue enterrada con fastos reales ocho años antes de que Ciro invadiera el país.

ENNIGALDI era hija de Nabonid. Fue curadora del museo que su padre renovó y directora de la escuela en Babilonia. Cuando su abuela murió fue nombrada Sumo Sacerdote en su lugar. Fue una mujer con una instrucción muy por encima del promedio de su época.

Después de conquistar Babilonia, Ciro se dirigió al nordeste, donde en el delta del río Araxes sobre el Mar Caspio, vivía una tribu nómade, los massagetae. En ese año de 529 a.JC. Ciro les exigió que se rindieran. Su reina TOMIRYS se negó a rendirse al rey persa y Ciro en actitud conciliadora, invitó a Spargapises el hijo de la reina y a su grupo de combatientes a un ágape donde los emborrachó (los persas eran muy resistentes al alcohol) y una vez en estado comatoso, los mató. La reina en vez de amedrentarse clamó venganza y atacó a Ciro. En un combate que se supone incierto pero que en definitiva fue contario a los persas, Ciro fue muerto y Tomirys según cuenta la tradición, tomó vino esa noche en la calavera del rey persa.

Cuando Ciro murió, tomó subió al trono su hijo Cambises. Cambises estaba enamorado de su hermana, que parece haber sido de extraordinaria belleza, y se casó con ella obligando a todos a aceptar algo que estaba fuera de las costumbres persas. ATOSSA reinó junto a su hermano poco tiempo ya que cuando él se fue a conquistar Egipto una conspiración puso en el trono a Gaumata, obligándola a Atossa a casarse con él como una forma de legitimar en alguna manera el reinado del usurpador (Cambises reinó tres años incluido el tiempo de la conspiración de Gaumata). Pero Darío, el hermano menor, enterado de la ocupación del poder resolvió volver al trono a su familia, los aqueménidas y así lo hizo, casándose a su vez con Atossa. Los persas tenían muchas mujeres en su harem, por una era la que mandaba. Atossa tomó esta posición y fue cada vez más influyente sobre Darío. Se supone que Darío no sabía leer ni escribir, ya que no había sido preparado para ocupar el trono, lo cual aumentaba la influencia de Atossa. Además durante las ausencias del rey ella tomaba el comando del gobierno, todo lo cual en la sociedad persa era totalmente extraordinario. Cuando Darío I murió, el sucesor debía ser el hijo mayor. Pero Atossa tenía cuatro hijos, de los cuales el primero era Xerxes y ella maniobró de tal manera de dejar de lado a los sucesores legítimos y poner en el trono a su hijo, sobre el cual tenía aun más influencia que la que había tenido hasta entonces. Finalmente murió a seguramente con más de setenta años, habiendo gobernado por casi cuarenta, en tiempos por influencia y con Darío como co-regente coronada.

Al sur de Mileto y al norte de la isla de Rodas, en una península al sudoeste de la actual Turquía existía en el S. VI un pequeño reino, Caria, cuya capital era Halicarnaso, donde hoy se erige la ciudad de Bodrum. Herodoto nació en esa ciudad y dos Artemisas estuvieron en su gobierno, una hacia el 480 a.JC. y la otra hacia el 350 a.JC.

Cuando Xerxes decidió invadir Grecia le pidió a Caria cinco barcos. ARTEMISIA, que había sido coronada reina a la muerte de su padre Ligdamis no solo envió los cinco trirremes sino que los comandó. Esto no dejó de ser una sorpresa, pero en la batalla de Eubea Artemisia demostró que no era casual que estuviera al frente de su flota.

Después de esa derrota persa, Artemisa reaconsejó a Xerxes que no enfrentara a los griegos por mar, donde eran superiores, sino por tierra. Si se permitió aconsejar al Emperador fue porque su actuación en Eubea le había dado el prestigio suficiente. Pero fue la única en decirlo y Xerxes pensó que la ausencia de él había sido la causa de la derrota. Para la batalla de Salamina se hizo colocar un trono en un acantilado desde el que se dominaba la bahía y estrecho desde donde pudo ver como sus naves eran arrasadas, y desde donde pudo ver también el valor de Artemisia que pudo escapar ilesa del ataque griego a pesar de que le habían puesto un premio de 10.000 dracmas a quien trajera la cabeza de esa mujer que se atrevía a desafiarlos. Eso le hizo decir al persa, según parece, aquello de que "mis hombres pelean como mujeres y mis mujeres pelean como hombres".

Después de la derrota de Salamina Mardonio insistió en combatir y ella le reiteró que se retirara. Xerxes se retiró, le dio el cuidado de los hijos de él y lo dejó al mando a Mardonio. Según la leyenda de Focio, Artemisia se enamoró de Dárdano y como él no le correspondiera, siguió el consejo del oráculo y se suicidó tirándose al Mar Egeo desde la roca Léucade.

ARTEMISIA II de Caria era hija de Hecatomno, fundador de la dinastía que gobernaba la ahora satrapía persa. Se casó con Mausulo su hermano. No se sabe de qué, parece que él hermano-esposo-rey, murió en sus brazos. Ante la situación de una mujer al frente del gobierno los rodianos decidieron atacar

Halicarnaso. Artemisia los dejó en apariencia desembarcar mientras su flota escondida atacaba y arrasaba Rodas. Los rodianos se retiraron y lo carianos trajeron su botín a Halicarnaso, dando comienzo a la obra de Artemisia. La reina resolvió hacer un enorme monumento en memoria de su marido que aun hoy mantiene su sentido (mausoleo), de cuatro pisos el último rodeado por una elegante columnata y un alto total de cincuenta metros, elaborado y adornado con los mejores artistas y arquitectos de la época. Artemisia que parece que iba cada anochecer al mausoleo, murió tres años después de muerte natural.

Alejandro el grande murió en el año 323 a.J.C. Se había casado en su juventud con ROXANA, hija del barón Oxiartes del reino del pueblo sogdiano (en el centro del actual Uzbekistan), con la que tuvo dos hijos. Años después Alejandro se reencontró con la hija de Artabazus, sátrapa persa, y esta vez resolvió casarse con ella. Barsine tuvo un casamiento digno de una emperatriz, sin que Roxana dijera nada. Misteriosamente el muy conocido amante de Alejandro, Hephaistos, murió. Poco tiempo después, luego de un banquete también sin razón aparente murió Alejandro. Roxana la llamó a Barsine (que para ese entonces había cambiado su nombre por el de

Stateira) y la invitó a la Corte para discutir la sucesión, ya que ambas tenían un hijo de Alejandro y además Roxana estaba embarazada. Barsine-Stateira fue y murió envenenada como así parece que le ocurrió a su hijo. Aunque todo es muy misterioso la mano de Roxana aparece una y otra vez. Su hijo fue Alejandro IV y creció bajo la tutela de Perdicas, pero este fue asesinado por sus tropas. Roxana se quedó con su hijo y poco después fue a Pydna, en la costa griega. Allí fue tomada prisionera por su suegra Olimpias quien doce meses después los mató a ella y a su nieto.

El reino del Ponto no fue un reino central en la historia antigua hasta que tomó el gobierno Mitrídates VI. Durante los siguientes años el rey se dedicó a la conquista de territorios vecinos partiendo del Mar Negro donde tenía su corona original. Su mujer HYPSICRATEA quería estar siempre junto a él o por alguna otra razón, en definitiva ella peleaba junto a él, se cortaba el pelo y se vestía con el yelmo. Esta no es una característica habitual en una mujer y menos en esa época. Cuando los romanos lo vencieron, Mitrídates tuvo que vivir huyendo y viviendo en lugares tales como cuevas. Ella lo siguió siempre y cuando al final ya no podían oponer más resistencia ella se tomó uno de los venenos que usaba su marido

47

para eliminar enemigos y él se mató con su espada. Esto ocurrió alrededor del año 120 a.JC.

IV.   GRECIA

Cuando nos referimos a la antigua Grecia, siempre nos aparece Atenas como sinónimo de su grandeza. Así fue y Atenas tuvo un período brillante que fue el tiempo de Pericles en el S. V a.JC. pero antes y después Grecia y sus vecindades tuvieron mujeres notables y conocidas. Si no fueron muchas se debió en gran medida a que la mujer griega tenía una vida familiar y dedicada eventualmente a las artes. No se esforzaba por ser militar ni tenía oportunidad en la política.

Había claro está, otras mujeres que eran las que se dedicaban específicamente a las artes y estaba esa especie tan particular de griegas, las *hetairas*, esas mujeres que tenían una importante cultura y que vivían con hombres que las mantenían, hombres que eventualmente tenían su mujer e hijos en otra casa. No cabe duda que era un sistema diferente, pero así funcionaba y lo que lo hace distinto de las mantenidas occidentales o de las odaliscas de los harenes, era que se trataba de mujeres libres y que tenían una cultura muy por encima de esas otras. Encontraremos algunas de estas tanto cuanto de las otras.

Quizá en el S. XII a.JC. Homero produjo una épica que recorrió Grecia y el mundo: la Ilíada, a la cual siguió la Odisea. Nadie creía realmente en la existencia de Troya ni menos aun en una guerra entre los troyanos y la coalición griega. Sin embargo en el S. XIX fue descubierta una ciudad en el sur del paso de los Dardanelos con varios planos. Esa ciudad era Troya y la Troya VII correspondía a la época a la que se refería Homero y había sido arrasada de su belleza como lo relatara Homero. Es habitual que a los hechos se les agregue mitología. Cuanto más antiguos más ocurre porque en esa época había menos medios de información y no quedaban claramente establecidos los hechos. Por eso no podemos tomar en cuenta muchas de las historias espléndidas que relata Homero. Pero hay cosas que existieron; la ciudad Troya, que era importante porque estaba en el paso del comercio, que tuvo una guerra que la destruyó, sea que la guerra haya sido por el rapto de Helena o fuera un problema de derechos de pesca.

Por otra parte el rey de Ítaca, Ulises u Odiseo estaba casado con PENELOPE. La ausencia del marido hizo que al poco tiempo la reina se viera acosada por todo tipo de pretendientes. Aunque las historias varían como corresponde a la época, queda en la mente la fidelidad de

Penélope para con su marido ausente y la estratagema que usó para pasarse tres años hilando de día y deshilvanando de noche para no llegar a cumplir con la palabra de que al final de su tejido elegiría marido. No voy a entrar en detalles, pero según parece Ulises llegó a tiempo de vencer a un último empecinado y vivir feliz con su mujer de allí en más.

ZABIBE fue reina mencionada en los anales de Tiglat-Pileser III durante los años de 738 y 733, sucedida por SAMSI, reinas de los árabes y aunque vasallo su reino del emperador combatieron comandando tamben a mujeres en numerosas batallas de las que fueron victoriosas.

Probablemente entre los años 610 y 560 a.JC. vivió SAFO. Poetisa nacida en Lesbos que no por ser de tal lugar fue lesbiana, escribió seis tomos de libros con poesías. Safo no fue solamente una buena poetisa sino que inició una escuela poética que creció por Grecia y luego continuó aun en época romana. No tuvo una vida fácil y sería interesante saber cuanto influyó en ella el ser una mujer muy alta. Como las poetisas de su época, Safo cantaba, bailaba y tocaba la lira. Se caso con Cercolas con quien tuvo una hija Kleis a quien demostró

51

su amor en los hechos y en las poesías que le dedicó. Safo fue un ícono en la poesía griega.

En la historia de la Filosofía no se encuentran muchas mujeres. Esa no es una disciplina que las atraiga. En Grecia sin embargo hubo algunas, reconocidas y para nada despreciadas por sus congéneres filósofos. En el S. VI vivió THEANO en Corinto. Theano era pitagórica, esposa de Pitágoras y crió a sus hijas en esa doctrina. Cuado su marido murió ella siguió dirigiendo la escuela continuando con los principios del que fuera su marido
Más tarde en Atenas HIPARCHIA se casó con el filósofo cínico Crates y en vez de dedicarse a las cuestiones hogareñas, siguió la escuela cínica, escribió libros y participó de la escuela filosófica activamente.

Como veremos Aristipo fue uno de los clientes de algunas mujeres en Atenas. Era filósofo y tuvo una hija que siguió su tendencia filosófica. ARETE estudió con él y escribió cuarenta libros. Desarrolló la idea de la igualdad desarrollando la novedosa idea de que no debían de haber más esclavos y amos.

En Lampsacus, en la actual Turquía, vivían Leontius y su esposa THEMISTA. Ella se había formado en filosofía con el lejano pero bien comunicado Epicuro con quien mantuvo relación toda su vida. Themista era considerada, enseñaba y escribía y fue estudiada por los Padres de la Iglesia que habitualmente dejaban de lado a los autores paganos.

El oráculo de Delfos era el lugar supremo adonde tomar consejo. Los políticos y en especial los generales consultaban al oráculo antes de entrar en acción y en muchas ocasiones no hacían nada ante un oráculo adverso. En ese lugar había algunas pitonisas dedicadas totalmente al oráculo, que en un principio debieron ser vírgenes y con cierto espíritu de trascendencia. Entre ellas se distinguió ARISTONICE, no solamente por su carácter sino por el acierto de sus oráculos. A ella se dirigió Temístocles cuando se planteó la guerra contra los persas. Aristonice dijo que Atenas sería arrasada y que la victoria no sería terrestre. Así como Temístocles basó su estrategia en la armada y logró la victoria final sobre los persas.

Como ya dije antes había un grupo social en Atenas constituido por mujeres muy cultas e independientes. Se reunían eventualmente con un hombre en vida en común y podían más adelante separarse y reunirse con otro, o no. Entre ellas ocupa un lugar preeminente y yo diría único, ASPASIA. Vivió entre 460 y 425, nació en Mileto y viajó joven a Atenas donde en 440 se unió a Pericles, que la doblaba en edad. Tuvo con él un hijo que no pudo hacer carrera pública porque su padre había provisto un decreto por el cual a partir de él solamente los hijos de padre y mare atenienses podrían actuar en política, lo cual lamentablemente se volvió contra él. Aspasia fue muy respetada en Atenas. En las tertulias en la casa en que vivía con Pericles, discutía con personas como Sócrates o Platón de igual a igual.

Mantuvo relaciones intelectuales con Anaxágoras, Herodoto, Plutarco, Protágoras y otros. Pericles y Aspasia sufrieron algunos ataques de la Asamblea de los que salieron siempre airosos pero que llevaron inclusive a que Pericles no fuera electo un año, aunque fue reelecto al siguiente. De todas maneras murió en 429 victima de la plaga que asoló Atenas. Aspasia se unió a Lysicles un hombre rico que murió sin embargo al año siguiente, después de lo cual hay varias versiones no claras sobre sus últimos años. Aspasia es sin duda una mujer que tuvo mucha influencia en los años egregios de la Atenas que son los años gloriosos de Grecia.

FRINE nació en Thespaie en el S. V a.JC. De familia muy pobre, era muy hermosa por lo cual decidió irse a Atenas a modelar para artistas y ejercer otras actividades. Su belleza la llevó a ser modelo de Praxíteles y este en algún momento le regaló la obra que ella eligiera. Friné no sabía nada de arte así que recurrió a una estratagema. Hizo que un esclavo saliera un día corriendo gritando que el estudio de Praxíteles se quemaba y con él todas sus obras. Praxíteles llegó corriendo y exclamando si su "Sátiro y el amor" se habían dañado. Friné le confesó que era todo mentira y que esa era la obra que elegía. Con sus actividades Friné se hizo muy rica a tal punto que ofreció a los tebanos reconstruir su muralla. Estos rechazaron la oferta porque la obra debía tener una constancia que dijera "Destruida por Alejandro y reconstruida por la hetaíra Friné".

Entonces ella se hizo hacer una estatua de oro que donó a Delfos. En una ocasión Friné fue acusada de corrupción y eligió a uno de sus amantes como defensor. La cuestión venía muy mal y la pena era la muerte. El defensor entonces optó por ponerla a ella a declarar, pero en vez de hablar, se bajó el vestido hasta la cintura. La belleza de sus pechos la salvaron.

Había pues diferentes grupos de mujeres que ejercían alguna forma de prostitución. Las de nivel más bajo estaban en el puerto y según

55

parece había un nivel intermedio que se comunicaba a través de mensajes que ellos o ellas dejaban en el cementerio. Allí, procedente de Corinto, dejaba sus mensajes Lais, nombre que en la época no era raro. La belleza de LAIS hizo que fuera protagonista con Eurípides, que Mirón la tomara como modelo para esculpirla y que se hiciera rica. No sabemos cuanto tiempo vivió ni como murió.

Otra celebre prostituta, tocaya de la anterior era ateniense. LAIS, la ateniense, tuvo como uno de sus sucesos ser modelo de Apeles. Tenía además la característica de cobrar muy poco a los filósofos, entre ellos Arístipo y Diógenes el cínico. Por fin Lais se enamoró de un hombre con quien se casó y la llevó a Tesalia, donde vivieron por un tiempo. Sin embargo las mujeres de la ciudad, envidiosas de la belleza de Lais, la mataron a golpes de zapato a la salida del templo.

Posiodoro se preparaba con su entrenador Callianax para participar en los Juegos Olímpicos del año 388, cuando Callianax murió. Callianax estaba casado con CALLLIPATIRA y ella no se resignó a que la muerte de su marido y entrenador de su hijo lo privara a este de participar en un evento tan importante como los Juegos Olímpicos. La señora optó por convertirse en el entrenador de su hijo, se disfrazó de varón y vicio junto con los participantes y entrenadores de los Juegos hasta el final. Poliodoro ganó pero su madre fue descubierta. Desde luego Callipatira fue expulsada aunque ya no le importaba porque había conseguido su objetivo. La novedad fue que a partir de ese año los participantes en los Juegos Olímpicos lo hacían desnudos para evitar de esa manera una nueva intromisión femenina. En realidad y siendo que hasta ese momento no se había producido ninguna interferencia, no se podía saber que castigo se aplicaría a quien se atreviera a entrar al mundo de los atletas griegos.

OLIMPIA nació en Molossia una región del Epiro y era hija del rey Neoptolemus. En el año 357 a.JC., a los dieciocho años, se casó con Felipe II de Macedonia. Era una de sus siete esposas. Tuvo con él dos hijos Cleopatra y Alejandro. Desde el principio Olimpias maniobró para que Alejandro fuera el sucesor de su padre, pero esto la llevó a enfrentamientos que la decidieron a emigrar a pesar de que Alejandro había liderado exitosamente la caballería en la batalla de Queronea contra los persas. Cuando en 336 Felipe II fue asesinado, Olimpia volvió e hizo

entronizar a su hijo Alejandro III el Grande.
Durante sus múltiples ausencias Olimpia
gobernaba pero esto la llevó a enfrentarse con
el general Antipater por lo que decidió
finalmente volver a Molossia. De allí volvió en
323 cuando su hijo murió y al frente de un
ejército lo confirmó a su nieto Alejandro en el
trono y lo mató a su co-rey y a la esposa de
este. A la muerte de su nieto Alejandro,
Casandro la capturó y la mató.

En esa época tenemos noticias aunque pocas
de AUDATA EURIDICE princesa iliria que fue
una de las siete esposas de Filipo II y tuvo con
él una hija CYNANE. Las virtudes de Eurídice,
nombre que adoptó cuando llegó a Macedonia,
eran muy particulares. Las ilirias parece que
tenían gran habilidad para montar a caballo y
para luchar. Eurídice no hizo gran cosa en esto
salvo educar a su hija en estas habilidades.
Cynane fue casada pero su marido murió
pronto y ella quedó con su hija ADEA a quien
instruyó también en las artes militares.
Cynane salió joven aun a pelear junto a su
padre Filipo y se hizo celebre al matar en un
duelo mano a mano en plena batalla al rey
ilirio Caeria. Cuando Filipo murió estuvo en las
huestes de Alejandro su hermanastro. Cuando
murió Alejandro hubo problemas sucesorios
que Cynane llevó al campo de batalla y se
mantuvo hasta que murió en batalla. Su hija

reclamó entonces el trono pero su tía Olimpia (la esposa principal de Alejandro), la tomó prisionera y la encarceló. Adea entonces se quitó la vida.

Polypherchon era el rey de Sicyon, en el Peloponeso. Se casó el año 314 con CRATESIPOLIS y murió tres años después. Al quedar como reina, los sicianos consideraron que sería fácil tomar un territorio gobernado por una mujer. Sus treinta lideres fueron crucificados después de perder la batalla con lo cual quedó en claro quien era más fuerte. En 308 Ptolomeo I la convenció de que tomara en su nombre Corinto y Sycion. Ella esperaba poder casarse con Ptolomeo, pero este tenía ya sus ojos puestos en Berenice. Por suerte Cratesipolis se encontró con el rey Demetrio en esas batallas y se unieron políticamente y según parece algo más, dedicándose a conquistar ciudades del Peloponeso por los siguientes años.

HYPATIA nació en Alejandría hija de un profesor del Museo de Alejandría, estudió filosofía, matemáticas. Religión, poesía, artes y se fue después a Atenas a la escuela Neoplatónica y cuando volvió a Alejandría la quisieron enseguida en la Universidad por sus ya reconocidos conocimientos. Mientras tanto el cristianismo de esa zona guiado por el obispo Cirilo había caído en el extremismo. En el 390 el cristianismo ser obligatorio y así se destruyeron dos templos en los que había parte de la biblioteca alejandrina. Las mujeres que estudiaban y eran solas y paganas pasaron a la lista numero uno de este grupo. Una noche del 415 un grupo grande la tiró abajo de su carro, la metió en un templo, la violó, le metió vainas de ostras en el sexo, cuartearon su cuerpo y lo quemaron en la plaza. Hypatia con todo su saber y su equilibrio había estado en el lugar equivocado en el tiempo equivocado y había pagado su saber con el martirio y la vida.

V. ROMA

Los comienzos de Roma son míticamente conocidos. Es probable sin embargo que, aunque menos brillante que el mito, como es habitual, en la colina del Palatino se asentara un grupo etrusco, país que dominaba buena parte de la península, quienes, faltos de mujeres, hicieron la fiesta en la que robaron a sus vecinos sabinos sus mujeres. La tardía reacción de los sabinos hizo que las mujeres que ya tenían hijos de los nuevos habitantes de también ahora el Capitolio, decidieran quedarse con ellos y con los maridos a los que se habían acostumbrado sino amado. Roma creció y se convirtió por fin en el Imperio del mundo durante quinientos años, aunque al principio pareciera ser una simple República. La mujer romana era más libre que la griega. De hecho se movía a sus anchas, formaba parte de grupos de amigas y desarrollaba actividades que han hecho que aparecieran más en la Historia que sus predecesoras culturales.

Los reyes etruscos reinaron en Roma hasta la muerte de Tarquino el soberbio en 510 a.JC. El final de su reinado fue original. Una noche sus hijos Sextus y Tarquinio estaban comiendo y bebiendo y pasados ya en esta último decidieron ir a ver que hacían sus mujeres cuando ellos no estaban. La mujer de Sextus estaba comiendo con unas amigas, la mujer de Tarquinio estaba arreglando la casa con sus esclavas. Volvieron a su celebración pero después, aprovechando un momento en que no habría nadie en la casa Sextus se metió en la de su hermano y la amenazó a su cuñada con tener relaciones sexuales con él o matarla. Además pondría al lado de su cadáver el de un esclavo para que pareciera que era con él con quien había tenido relaciones. Ante la alternativa LUCRECIA optó por dejarse violar. Cuando Sextus se hubo ido, ella mandó llamar a su marido y a toda su familia, les contó lo que había pasado y se mató. Como resultado Sextus fue linchado, su padre fue destituido, se instauró la República y Lucrecia pasó a la Historia como la mujer virtuosa por excelencia

En la historia de la Humanidad muchas mujeres se sacrificaron por sus hijos y os llevaron adelante cuando no tenían la ayuda del marido por diferentes circunstancias. En la Historia ha quedado CORNELIA y si la menciono no es solamente por ella sino por todas las mujeres que han puesto su vida al servicio de criar a sus hijos ellas solas. Cornelia era hija de Escipión el Africano, que había derrotado a Cartago. Se casó con Tiberius Sempronius Grachus con quien tuvo doce hijos. De ellos sobrevivieron solamente tres. Su marido murió siendo aun jóvenes y ella recibió la oferta del Faraón Ptolomeo para casarse, pero la rechazó. Se dedico a darles a los tres hijos una educación esmerada, con profesores romanos y griegos. Su hija se casó con otro héroe, Escipión el Emiliano y sus hijos fueron loa revolucionarios hermanos Graco. Sus cartas eran de una gran belleza y Cicerón las elogió, aunque poco de ellas nos han llegado. Sabemos que vivió en el S. II a.JC. y que su marido murió en el 154.

En el año 48 a.JC. Roma tuvo una crisis económica. La solución la encontraron poniendo un impuesto para las mujeres, solamente las mujeres que tuvieran bienes por más de 100.000 denarios (cada denario equivalía a la jornada de un día de trabajo). Tenían que pagar el equivalente a un año de ingresos más un porcentaje sobre sus bienes personales. HORTENSIA, hija del legalista Hortensius, muy educada en leyes y otros temas, resolvió tomar acción. Las mujeres, reunidas en manifestación, la designaron para que negociara con el triunvirato gobernante. Hortensia negoció que en primer lugar las mujeres serían 400 y no 1400 (obviamente las más ricas) y además este impuesto se aplicaría a mujeres y a varones, tanto romanos cuanto extranjeros. Esta enorme victoria social frente a un poder militar la convirtió en un mito de la valía femenina en Roma.

El rey de Partia Fraates IV vino a Roma a mostrar su sujeción a la aun República latina. Julio Cesar creyó conveniente darle como compañía a una esclava suya, joven de aparentemente gran belleza. Debía tener otras virtudes porque al final de su visita Fraates le pidió a Julio Cesar que se la diera, a lo cual él accedió y así MUSA se fue al otro lado del Adriático. Allí volvió a demostrar sus habilidades y pasó a ser primera esclava y luego esposa de Fraates. Le dio varios hijos a los que mandaba a educar a Roma. Junto con su hijo Fraataces dio muerte a su marido en el año 2 a.JC. y para institucionalizar la situación se casó con su hijo

MARIA Virgen fue una joven judía a quien casaron con un viudo con hijos ya mayores. José fue un hombre extraordinario a quien su mujer vino a decirle, antes de que hubieran tenido relaciones sexuales, que estaba embarazada, difícil para ella, difícil para él. Tuvieron un hijo difícil, un hijo que se quedaba a discutir con los sacerdotes, un hijo que hablaba de su padre como otra persona. Tomó a su cargo la carpintería cuando teniendo 14 años su padre José murió. Y después un día empezó a caminar y a hablarle a la gente sobre otra vida, sobre su padre celestial, indicando que él era el hijo celestial, Dios. María tuvo que aceptar esta situación extraña y tuvo que ver como lo hacían prisionero, lo torturaban y lo crucificaban. Se quedó con él y lo enterró. María fue una mujer muy fuerte, pero además la madre del hombre más importante de la Historia, creamos o no que sea Dios, ya que a partir de él hubo una religión donde el tema central era el amor, aunque no siempre se haya hecho efectivo por sus seguidores a lo largo de los siglos.

En la historia de Roma hay dos AGRIPINA. Una, la mayor que se casó con Germánico, enfrentado con el emperador Tiberio y que cuando su esposo murió la exilió y ella se dejó morir de hambre. Habían tenido a la otra AGRIPINA, la llamada la Joven. . Su hermano Calígula tuvo relaciones sexuales con ella cuando tenía doce años. A los 17 se casó con Gnaeus Domitius Enobarbus y lo tuvo a Nerón. Después que su marido murió fue mandada al exilio por su hermano Calígula. A él lo sucedió Claudio que dada la situación en la que estaba la mandó traer a Roma. Ella lo convenció de que la dejara a Mesalina, su tía y sobrina, y se casara con ella y por fin consiguió que Claudio adoptara a su hijo, lo cual lo ponía en la línea sucesoria del Imperio. Se supone que Agripina

65

lo mató a Claudio y así su hijo de 17 años llegó al poder. Aunque asesorado por Séneca en sus primero años de reinado, Nerón no dejo de cometer todo tipo de excesos, inclusive tener relaciones con su madre, a la que por fin mató. Esto ocurría en los años 40 y 50 de nuestra era.

Desde el comienzo del Imperio y hasta Diocleciano poco antes de la cristianización por Constantino, periódicamente los cristianos fueron perseguidos. Además de otras atrocidades que han pasado a segundo plano, la más increíble es la de la exposición a las fieras en los Coliseos. Las MARTIRES CRISTIANAS, que fueron miles, merecen un lugar entre las mujeres de la Historia. Enfrentaban la muerte cantando, una muerte lenta y dolorosa producida por los desgarrones y las mordeduras de las fieras que no las mataban de un golpe sino a través de un proceso que podía durar muchas horas ya que si las fieras se retiraban ahítas de tanto comer, muchas podían quedar heridas, con los dolores de su carne abierta, hasta que fueran finalmente sacrificadas. Esta serenidad y esta valentía frente a la muerte fueron uno de los factores que influyeron en que los paganos tomaran a los cristianos como verdaderos creyentes y valientes héroes de su religión.

En el año 60 de nuestra era murió Prasutag el rey icenio, un pueblo celta de la isla de Inglaterra. Prasutag se había casado con BOUDICA seguramente entre los años 40 a 42, una joven apenas núbil que había nacido entre los años 26 y 30. Tuvo con ella dos hijas y al morir dejó la mitad de su territorio a su pueblo y la otra mitad a los romanos. Los icenios habían acordado con los romanos el status de reino-vasallo. Pero ahora los romanos decidieron que querían todo. No solo tomaron las propiedades y cometieron todo tipo de atropello sino que los legionarios las violaron a Boudica y a sus dos hijas. Boudica era una mujer alta y fuerte, pelirroja, de rasgos fieros y de familia aristocrática y en esa situación reunió 120.000 hombres y atacó Camoludumum, la ciudad-castillo que los romanos habían dirigido para romanizar Inglaterra. Esta ciudad estaba al este de Britania y en ese momento el gobernador Suetonio estaba destruyendo a los druidas y sus bosques de la isla de Mona (Anglesey), en el otro extremo del territorio. La victoria, las muertes y la destrucción que había producido Boudica lo tomaron por sorpresa a Suetonio quien no tenia fuerzas suficientes para oponerse a ella. Boudica atacó y destruyó de la misma manera Verulanium y Londinium además de otros puestos menores. Suetonio prefirió esperar tropas de refresco y cuando llegaron la atacó en Fenny Stratford, venciéndola. En esos dos años aproximadamente habían muerto 70.000 romanos o simpatizante de ellos. Antes que caer en manos romanas Boudica prefirió tomar veneno suicidándose, dando fin a una de las mayores rebeliones que los romanos enfrentaron.

Los piratas tienen pata de palo, un parche en un ojo y un garfio en una mano. Pero a veces también son personas normales y una vez se sabe, fue una mujer. TEUTA, reina de Iliria en la costa Adriática, quedó viuda de su rey y como no supo como desarrollar su gobierno optó por emplear a mercenarios para formar tripulaciones de barcos piratas. Fue un problema que tuvo Roma, hasta que por fin en el 239 a.JC. llegó a un acuerdo de paz con la reina iliria, quien entonces se dedicó a sembrar el pánico en los alrededores de la isla Corfú, una de las islas jónicas en Grecia.

ZENOBIA es el nombre por el cual es más conocida la mujer que nació en 240 ó 241, en Palmyra, en Asia Menor. A los 17 ó 18 años se casó, como segunda esposa con Septimius Odenathus de la aristocracia palmirense, quien posteriormente fue designado como dux de Palmira por Roma. Zenobia tuvo un hijo, Vaballathus. Cuando su marido fue asesinado en 267 ó 268 y a los casi treinta años, Zenobia quedó al frente del gobierno y se hizo nombrar regente de su hijo. Comenzó por consolidar su autoridad en la región de Palmira. Después tomó territorios vecinos del este y por fin conquistó Egipto. Se autodenominó Emperatriz. A esta altura en el año 270 tenía un territorio muy grande, tanto cuanto el del Emperador Aureliano y esto sin duda lo alarmó. El Emperador tomo acción y luego de una primer batalla donde no logró una victoria definitiva, después de tomar un fuerte terminó venciéndola en Palmira. A partir de este momento hay una cantidad de versiones diferentes y aún contradictorias. Desde que fue muerta por Aureliano, lo cual parece muy improbable, hasta que la dejó presa en Palmira y la más probable es que la haya llevado a formar parte del Triunfo de su campaña. De su hijo no se sabe más nada. En cambio de ella parece que se puede aseverar que se casó con un senador romano y que le dieron una villa en Tivoli sobre un terreno de 180 acres y una pensión con la que vivir, lo cual hizo pacíficamente hasta su muerte.

FABIOLA vivió en el S. IV, miembro de una familia distinguida y cristiana, se casó a los veinte años, pero su marido resultó un libertino del que le dieron el divorcio civil poco después. Entonces se reunió con otro hombre sin casarse y el repudio de su grupo cristiano fue tan fuerte que debió retirarse. Pero al poco tiempo el hombre se murió y Fabiola volvió arrepentida y fue perdonada. Entonces optó por irse a Belén, donde se dedicó a cuidar y curar pobres. Como Atila se acercaba a la zona, todo su grupo de mujeres volvió a Roma, donde continuaron su obra. Fabiola fundó en Roma el primer hospital, donde se atendía a enfermos de todo nivel y enfermedad. Ella misma salía a buscar a los enfermos pobres y los traía al hospital, no importara así fueran leprosos. Murió en 399.

PULCHERIA nació en Constantinopla en 399, hija del emperador de Oriente, Flavio Arcadio (383-408) y de su esposa Eudoxia. Cuando su padre murió ascendió al trono su hermano, Teodosio II que había nacido en 401. Ambos eran pequeños y ella era solamente dos años mayor que él, pero fue designada regente. Se tomó muy en serio la educación de su hermano y mantuvo una corte de gran piedad y castidad. En 421 arregló el casamiento de su hermano con Eudocia, quien se convirtió en su rival en la corte. En 443 la situación se había hecho tan difícil que Eudocia resolvió retirarse a Jerusalén. A su ida el chambelán Chrysaphius tomó influencia sobre el Emperador, pero Pulpería pudo vencer en la

lucha al eunuco y llegó a nombrar al futuro
Emperador, cuando Teodosio murió en 450.
Marciano, un soldado retirado, se convirtió así
en emperador y ella se casó con él para
asegurar la línea familiar. Murió en 453.

GALA PLACIDIA vivió el final del Imperio y fue
una mujer extraordinaria. Nació
aproximadamente en 388 y vivió hasta el 450
de nuestra era. Hija del emperador Teodosio
cuando éste murió dejó a cargo del Imperio al
General Estilicon, un vándalo que gobernaba
como regente en nombre del designado
sucesor Onorio y de sus hermanos Arcadio y
Gala Placidia, todos menores. Gala debía tener
entonces 4 años. Hasta los veinte años no
tenemos noticias de ella. Vivía en el palacio
Placidiano donde se había recluido su madre y
cuando esta murió quedó bajo la influencia de
Estilicon y de su prima Serena. Ambos eran de
espíritu romano y conservadores.
Gala Placidia se fue primero de Milán a
Ravena, ciudad más segura y luego fue a
Roma donde fue designada senadora. En 410
Alarico, jefe visigodo, tomó Roma y la saqueó,
lo cual no ocurría desde hacía siglos. A este
golpe material sumó el golpe moral de raptar a
Gala Placidia. Alarico fue sucedido por Ataulfo
y Gala Placidia se casó con él por propio
consentimiento. Con él fue a Barcelona donde
tomó el gobierno, pero fue asesinado al año

siguiente. Placidia fue puesta en prisión y según parece fue violada por la tropa. Sigerico, el comandante del asesinato tomó el poder pero fue muerto a su vez y tomó el poder Valia. Valia la liberó y la declaró reina. En el 416 volvió a Ravena manteniendo siempre una relación muy cercana con los visigodos que le fueron fieles hasta su muerte. Vuelta a Ravena bajo el titulo de Nobilísima, manteniendo el de reina de los visigodos, se casó con Costanzo, quien como señala Salti, "no podía competir con la imagen de ese hombre rubio y enérgico que era Ataulfo". El matrimonio no fue brillante pero tuvieron dos hijos, Onoria y Valentiniano. Gala tomó la regencia de Valentiniano a la muerte de Onorio y durante veinte años gobernó Ravena. Fue siempre considerada una mujer hábil, sagaz y fuerte. Aun manteniendo Valentiniano el poder formal, la madre fue siempre la poderosa en Ravena. La hermana había cometido la tontería de proponerle matrimonio a Atila, y el Emperador de Oriente Teodosio se lo hizo saber a Valentiniano, el cual la torturó y no la mató por dejarle una hija a su madre. Gala murió en Ravena donde se había preparado un espléndido mausoleo como celebración de su pasaje a otra vida, pero fue enterrada en Roma y se desconoce su sepultura. Mujeres con las virtudes, cultura y fuerza de Gala Placidia han habido pocas.

VI. LA EDAD MEDIA

Hemos recorrido hasta aquí pueblos de la antigüedad, algunos muy importantes, como los sumerios, los griegos o los romanos y otros que nos han permitido reconocer mujeres que tuvieron trascendencia en la política, en la poesía, en la guerra, evitando en general las que han sido reconocidas por sus costumbres perversas. Ahora vamos a cambiar el enfoque. En vez de pueblos vamos a tomar épocas, porque hay muchos pueblos de menor trascendencia que los que hemos seguido hasta aquí, pero no por ello menos importantes en su lugar y época.

Vamos a empezar por la Edad Media, donde nos encontramos con una primera etapa muy complicada con lideres fuertes y monjes preservando la cultura, pero en esos siglos Italia que fue sucesivamente avasallada por los pueblos extranjeros (eso quiere decir bárbaro), pasó de tener una población de seis millones de habitantes en el año 500 a tener cuatro millones de habitantes en el año1000. En este estado de permanente saqueo y muerte era difícil para todos sobrevivir. Solo después del año 1000 encontraremos más mujeres que se hicieron notorias en distintos campos.

El S. XIII se vuelve tan prolífico en mujeres notables que seguramente tendremos que dejar sin mencionar a algunas, pero esto es algo que nos va a ocurrir de allí en adelante, porque hay más mujeres de nivel intermedio que en el periodo anterior donde la mujer estaba en su casa o emergía en la sociedad. Ahora nos encontraremos crecientemente con mujeres que llevan a cabo liderazgos intermedios.

Nuevos campos para la mujer

La Edad Media abre nuevos campos para la mujer que irá incrementando a lo largo de los siglos. Estas son las que los iniciaron con mayor preponderancia y son, además, las que nos han llegado, ya que siempre hay personas que hacen cosas importantes pero que no alcanzan a ser registradas en los escritos de la Historia.

Por de pronto tenemos que reconocer que siempre ha habido mujeres vendiendo sus productos en tenderetes o pequeños locales, parte de su casa, las que no han sido registradas aunque fueran las amas de casa y la comerciante al mismo tiempo. En esta época se hace ahora más amplio.

Un campo donde las mujeres ahora trabajan es el de la herrería. De entre ellas se hace más notable FYAR de la ciudad de Bach, quien se mudó a Colonia y tuvo su establecimiento en esa ciudad. Por dos veces fue elegida como directora del gremio de los herreros.

El comercio de importación y exportación tuvo también como nuevos miembros a mujeres. Nos llega en particular Margery RUSSELL porque habiéndose quedado viuda en el S. XIV siguió con el negocio y piratas españoles atacaron sus barcos. Russell llevó le cuestión contra Santander de donde eran esos piratas y fue reembolsada por su pérdida.

Anna WEYLAND se dedicó a una cantidad de comercios en Estrasburgo. En cada uno de ellos vendía o elaboraba de manera fraudulenta y entonces la cámara del gremio respectivo la expulsaba. Se pasaba a otro gremio donde volvía a repetir lo mismo. Fue tal la fama que se hizo que finalmente le prohibieron comerciar o elaborar cualquier producto en Estrasburgo.

Un campo en el que no solo eran participantes sino que eran quienes lo manejaban era el de la elaboración y venta de cerveza. No había cerveceros, eran todas cerveceras. Y de entre ellas nos han llegado particularmente Lisebette de HOND de Gent en los Países Bajos, en el S. XIV, Katharina JOHANS, de Erfurt y de Inglaterra Eleanor RUMMYNGE.

En Inglaterra también hubo una tradición de tapiceras, la mayor de las cuales fue AEDELFLEDA, quien a fines del S. X hizo su obra y de entre ella el tapiz de la batalla de Malden, que parece que inspiró el tapiz de Bayeaux.

También las mujeres intervinieron activamente en la industria del vestido y la tintura, que era prácticamente de su monopolio. De entre ellas en el S. IX en Alemania LIUTBIRG, se distinguió por su habilidad y por su dedicación.

Ser artista reconocida en la Edad Media no era fácil, Sabina von STEINBACH fue escultora, con toda la fuerza que supone trabajar la piedra en sus distintas formas. Fue contratada para terminar estatuas en la catedral de Estrasburgo en el 1300 y reconocida como importante escultora de su tiempo.

Otro campo en que las mujeres intervinieron sorpresivamente fue el de los trovadores, hasta mediados de la Edad Media solamente varones, fueron invadidos por grupos de mujeres trovadoras.

La MEDICINA fue una ciencia con avances importantes en el fin de la Edad Media y principio de la Edad Moderna. Aquí nos importa el aporte de las mujeres. Una mujer forense fue WIDEOWE LOVEJOYE que en el condado de Redding tenía un sueldo para analizar la causa de muerte de todos los que fallecieran en el condado.

MARIE D'OIGNIES enfrentaba los riesgos de la leprosía y daba de comer a todos los leprosos en su vecindad de Bélgica.

En Italia a mitad del S.XIV algunas mujeres se distinguieron por su cuidado por los tuberculosos lo cual les costó la vida. SIMONETTA CATTANEI VESPÚCCI, ALBIERA ALBIZZI, su hermana GIOVANNA ALBIZZI, murieron jóvenes infectadas por aquellos enfermos a quienes cuidaban.

CLARICE DE DURISIO, obtuvo licencia para operar los ojos de las mujeres (S. XIV).

ISABELLE WARWICK fue autorizada en York a operar en general en 1572.

PERRETA BERTONE fue cirujana en Italia, aunque en una ocasión tuvo que soportar algunos días de cárcel.

ELIZABETH HEYSSIN luchó para lograr ejercer, de peluquera a cirujana y finalmente en 1602, consiguió el permiso en Memmingen (Alemania).

AMALASUNTA era hija de Teodorico el Grande y se casó y tuvo a Atalarico, joven que fue coronado rey ostrogodo en Ravena y que murió a los 18 años. Sin padre, esposo ni hijo, Amalasunta tenía que enfrentar la negativa histórica de los ostrogodos de aceptar una reina. Previendo esta situación se había puesto en contacto con Justiniano. A poco de morir Atalarico se casó con Teodato, de la familia amala y con quien acordaron que él tendría el titulo de rey sin reinar. En plena luna de miel él la invito a pasear por el lago Bolsena. Al llegar a la isla tres esbirros entraron y la mataron. Era el año 534. Como resultado el pueblo se rebeló y Justiniano encontró una buena excusa para invadir Italia con lo que las tropas de Teodato lo mataron.

BRUNILDA Y FREDEGUNDA concretaron uno de los capítulos más sangrientos y borrascosos que alguna vez enfrentara a dos mujeres. Brunilda era hija del rey visigodo Athanagildo y de Goiswinth. Nació en 550.su hermana era Galswintha, casada como segunda esposa con el rey merovingio Chilperico I. Brunilda se casó con el medio hermano de este Siegebert I, rey de Austrasia, (561-575). Entre los dos hermanos y las dos hermanas controlaban todo el mundo franco. Pero cuando a instancia de su amante Fredegunda, el rey mató a su hermana Galswintha se desató una tormenta que duraría 40 años. Los detalles de lo que hicieron estas reinas, en especial Fredegunda, es un dédalo inextricable. Cabe mencionar que Fredegunda mató mujeres parisinas porque su hijo había muerto de la disentería que azotaba el reino, o a quienes había mandado a matar a Brunilda por no conseguirlo. La cantidad de muertes que acumuló esta mujer de baja estofa moral y social es impresionante. Brunilda tomó venganza en algunas muertes de menor impacto y aunque tuvo más poder que Fredegunda no fue tan sanguinaria. Fredegunda murió en 597 y Brunilda en 613. El detalle de la historia de ambas mujeres es fácil de encontrar pero es una serie de asesinatos, intentos de asesinatos y batallas provocados por el ánimo de la sirviente Fredegunda contra toda aristocracia, incluída su propia familia. Fue también reconocida por su ferviente permisividad al acceso de hombres a su cama.

La más conocida de las TEODORA, es la mujer de Justiniano Emperador en Bizancio con quien se caso en 525. Teodora era una joven actriz, bailarina y prostituta que en definitiva se casó con el emperador para horror de la Corte. Pero Teodora era inteligente y supo hacerse un espacio político. De hecho en cada ley se la menciona y en sus años se mejoró la situación

79

de la mujer, prohibió la esclavitud de los blancos, es notable por como cuando se produjo la rebelión de los Partidos Azul y Verde, cuando Justiniano quería huir, ella lo convenció de quedarse, enfrentarlos y así los derrotó. Teodora murió en 548 y en las dos décadas que todavía se mantuvo en el poder, Justiniano no se produjo ninguna legislación importante.

Otra Teodora fue la esposa el Emperador Teophilo (829-842). Tomó la regencia cuando su marido murió y su hijo Miguel II tenía tres años. Reinstaló los iconos (solo pinturas) y enfrentó a los eslavos que invadieron el reino y los obligó finalmente a pagar un tributo. Su poder decayó cuando sufijo tomó el poder y diez años después cuando quiso atentar contra su hermano Bardas, ministro de Miguel, fue enviada a un convento.

Una tercer Teodora fue llevada al poder por las muertes naturales ocurridas en su familia en 1040 y luego en 1055. Fue muy alabada pero sus tiempos fueron cortos en ambos períodos.

HILDA DE WHITBY, nació en Inglaterra en 614. No era fácil enseñar en esa época. Hilda estudió, fue a París donde estaba su hermana, reconocida por sus habilidades, fue llamada por el Obispo de Aidam quien le dio un pedazo de tierra para hacer un monasterio y colegio y poco después fue llamada para regir una casa religiosa en Tadcasher. Finalmente el rey Owsia le dio un enorme pedazo de tierra para hacer un gran monasterio, colegio, iglesia, donde había un pueblo incluido en 657 lo inauguró, luego que a mediados de sus treinta había resuelto tomar votos en un monasterio. En 674 fue designada para dirigir un Sínodo que se realizó en Whitby y que optó por la liturgia romana en vez de la céltica, lo cual ella, de raíz celta, aceptó. Murió en 680.

RADEGUNDA, fue una princesa Turingia a quien Clotario el rey de Francia, raptó el tomar esa región. La encerró en un monasterio donde la niña recibió una educación esmerada. Cuando Clotario enviudó decidió casarse con ella, a lo que la joven se resistió, pero finalmente fue tomada prisionera y tuvo que casarse. El trato de su marido era brutal y además mató a su hermano. Radegunda que había tenido por lo menos una hija, Inés, resolvió huir, pero fue perseguida por Clotario hasta que en Poitiers en el monasterio de Saint Croix, el obispo San German se opuso a Clotario y este resolvió retirarse. Radegunda era famosa por su vida pía y su buen trato como abadesa. El emperador de Oriente, Justino II le envía un pedazo de la Santa Cruz, y el monasterio cambia el nombre y Poitiers vive días de gran festividad. Radegunda, que se propinaba auto castigos para ser mejor,

81

dejó la dirección del monasterio a su hija Inés y se dedicó a las tareas más humildes del mismo. Murió en 587 y fue santificada. Aun hoy día es una persona venerada en Poitiers.

IRENE es la diosa griega de la paz y es santa del cristianismo ortodoxo. Fue la madre de Constantino VI. Cuando su padre León IV murió joven en 780 él tenía diez años y ella tomó el poder como regente. Mantuvo un firme control del poder y volvió a la iconoclasia. Diez años después debió ceder el poder a su hijo, pero este se mostró débil y en 792 ella retomo el poder. Esta vez se hizo nombrar Emperador, primera mujer en tener tal titulo (acordado en 797) y no el de Regente o Emperatriz. En su nueva posición hizo sacar los ojos al general Alexis que había complotado contra ella y mutilar a sus tíos que habían conspirado contra ella. Apoyó mucho a los sacerdotes, consideró casarse con Carlomagno y en 802 fue depuesta por Nicéforo. Un año después murió en su exilio de la isla de Lesbos.

JUANA (PAPISA) nació el año 822 en Ingelheim, hija del monje Gerbert, un anglo que había ido a los países germanos a predicar el Evangelio. Su situación le permitió estudiar más de lo que se le permitía a las mujeres en esa época y siendo joven se cambió el nombre por el de Johannes Anglicus (Juan el Ingles), según algún autor con el propósito de seguir a su amado. De todas maneras esto le permitió ir de un monasterio a otro y estudiar más. Era reconocida por su capacidad oratoria. Entre las capitales que visitó la última fue Roma, donde el Papa León IV la nombró su secretario. Se hizo notable por su erudición y cuando en 855 murió León, la/lo eligieron Papa bajo el nombre de Juan VIII. Algo más de dos años después en una procesión junto a la Iglesia de San Clemente (o según otros, durante la misa), se hizo notable su embarazo y parió, a causa de lo cual murió. Lamberto de Sajonia, el embajador que era su amante, sabía sin duda la situación anómala pero no dijo nada. Según algunos fue lapidada en el lugar, según otros murió por el parto. De todas maneras a partir de ese momento quien sea designado Papa debe ser inspeccionado y declarado que tiene el sexo masculino.

OLGA nació en Kiev en 890 y se casó con el príncipe Igor I. en 945 Igor fue asesinado y ella tomó entonces el trono como regente de su hijo Svyatoslav. Olga persiguió a los asesinos de su marido y los mató de modos muy sádicos. En 955 se convirtió al cristianismo ortodoxo y viajo a Bizancio donde se rebautizó con el nombre de Helena. Así fue como la religión cristiana ortodoxa se instaló en Rusia. Olga murió en 969 y fue canonizada.

AUD nació en la isla escocesa de Hébridas el año 855 de padre vikingo y madre católica. Se casó con el rey Ola el Blanco, de Dublín de quien se divorció al poco tiempo quedándose con su hijo Thorstein el Rojo. Vivió apaciblemente cuidando sus nietos cuando unos escoceses la atacaron y mataron al hijo y dañaron su propiedad. Entonces ella decidió irse, construyó un barco suficientemente grande para su familia sus esclavos y animales y se dirigió al norte. Después de estar en las islas Orkneys siguió a las Faroe, donde estableció un terreno de 18.000 kmts. cuadrados. Años después siguió a Islandia donde el barco se hundió. Entonces con un grupo rodeó la isla en un bote y eligió un terreno que le pareció el mejor y allí se instaló sobre unos 12.000 kmts. cuadrados con sus nietos, y nietas, sus esclavos y sus animales, donde murió.

THEOFANO hija de un publicano, por su extraordinaria belleza llamó la atención del futuro emperador Romanus II con quien se casó en 956. Tuvieron dos hijos que fueron emperadores. En 93 él murió y ella asumió la regencia pero sabiendo que eso no sería por largo tiempo le ofreció al anciano Nicéforo

Phocas casarse con él. Y así hicieron. Pero
Theofano tuvo un ardoroso affaire con el
brillante general Tzimisces y sus seguidores
entendieron que si el emperador moría el
general sería el nuevo emperador, así que lo
asesinaron a Nicéforo. Cuando se iba a
producir el casamiento, el Patriarca Polyeuctus
intervino, condenando al general a cumplir una
pena debido al asesinato y como parte de ella,
que Theofano fuera expulsada de palacio. Ella
murió en 991.

Otra THEOFANO aparece en la Historia,
proveniente de Constantinopla aunque de
manera incierta porque se discute si fue hija
de la anterior o sobrina del general que la
siguió en el trono en 969. Theofano se casó en
972 con el emperador Otto II del Imperio
Romano Germánico (973-983). En 980
tuvieron un hijo, Otto III quien asumió a los
tres años por la muerte de su padre debido a
unas fiebres. Siempre que quedaba una mujer
a cargo se levantaban diferentes grupos, en
este caso, eslavos, daneses y francos,
suponiendo que la debilidad femenina les
permitiría independizarse. Theofano desde su
castillo de Quedlingurg donde mantuvo un
grupo brillante de académicos, maniobró
salvando al reino y presidiendo una magnifica
dieta en Nijmwegen. Murió en 981, siendo

sucedida en la regencia por su suegra, Adelaida.

AETHELFLEDA era hija de Alfredo el Grande y se casó con Aethelred jefe de los mercios cuando él murió en 911 de manera anómala ella se declaró Señora de Mercia (Lady of Mercians). Su hermano Eduardo gobernaba en la vecina Sajonia y ambos hicieron grandes fortificaciones para vencer a los daneses. En 917 ella ocupó Derby y Leicester llevando sus fronteras hasta Gales al oeste y Northumberland al norte. Tuvo la promesa de sumisión de los daneses en el norte pero murió en 918, dejando como heredero a su hermano que pasó así a ser el rey de lo que hoy es Inglaterra.

MAROZIA tuvo una gran influencia en Italia en el S. X. Hija del senador Crescenti y su esposa Teodora, se hizo amante del Papa Sergio III con quien tuvo un hijo, Juan luego Juan XI. Después se casó con Alberico I de Spoleto quien restauró a Sergio en el papado. Tuvo un hijo con su marido, Alberico II y a la muerte de su marido en 928 Marozia puso en prisión al Papa Juan X y sentó en el trono a su hijo ilegitimo Juan XI con quien se dice que mantuvo relaciones sexuales. Marozia controló Roma hasta la mayoría de su hijo Alberico II en 932.Después de la muerte de Alberico I se

casó con el Marques de Guido, con Guy de
Toscana y con Hugo de Provenza, rey de Italia.
Siempre por muerte natural de cada uno de
ellos, hasta que murió en 932.

ADELAIDA nació en 931 hija del rey Rudolf II
de Burgundia y de Berta de Suabia. Se caso a
los 16 años con Lotario, rey de Italia. Por un
breve periodo de tiempo reinó sola, pero fue
invadida por Berenguer de Pavia y puesta en
prisión. Sin embargo a los cuatro meses
consiguió escapar y proclamó entonces que
quería casarse con quien estuviera dispuesto a
recuperar Italia. De entre los varios nobles que
se ofrecieron eligió a Otto el Grande
Emperador del Imperio Romano-Germánico.
Berenguer fue derrotado y Adelaida fue
coronada emperatriz en 962. En 973 Otto II
sucedió a su padre y en 983 Otto III al suyo.
Siendo menor fue regido por su madre
Theofano y por Adelaida hasta 991 en que ella
quedó sola. En 995 Otto III alcanzó la mayoría
de edad y ella le cedió el gobierno y se retiró,
dedicando los últimos cuatro años de su vida a
fundar monasterios e iglesias. Murió a los 68
años y fue santificada.

La llegada del milenio produjo un efecto
dramático en la sociedad europea que
creyeron en las palabras de Juan. Uno de
estos efectos fueron las pinturas de ENDE, una

87

monja de Gerona de la cual apenas tenemos noticias y solamente sabemos que era de familia de alto novel social. En su monasterio se entregó a la pintura del Apocalipsis con una mano más parecida a Joan Miró que a su época o aun al Renacimiento. Sus figuras etéreas, sus colores que pintaba "con la ayuda de Dios" pueden admirar aun hoy en la catedral de Gerona. Realmente una mujer genial de la que nos han quedado solamente, y nada menos que, sus pinturas.

ZOE nació en Bizancio en 978 hija de Constantino VIII y su esposa Helena, mujer según paree muy bella y con presencia real que imponía respeto. Su padre la casó con Romanus III antes de mandar a su hija mayor a un monasterio. Eso mismo hizo ella con su hermana menor Teodora cuando asumió el trono. Romanus la trató mal, dejándola inclusive sin dinero. Ella tomó como amante e un común, Miguel IV y lo mataron a Romanus en el baño. También Miguel la trató mal, confinándola a sus habitaciones pero ella lo convenció de nombrar a su sobrino Miguel V como su sucesor. Cuando murió en 1042, Miguel V tomó el trono y la exilió a Zoe a la isla de Prinkipo. Esto produjo una fuerte reacción popular que lo obligó a traerla de vuelta con todos los honores. Otra facción había traído de vuelta a Teodora, quien proclamó su lealtad a Zoe y esta la unió al Emperador y a ella en las reuniones y fastos. Pero Zoe tenía sangre caliente y a sus 64 años resolvió casarse con el senador Constantine Monomachus, de 42 años. Este tomó una amante, Sclerina y Zoe, más tolerante con el paso de los años, llegó al punto de agregar a su sobrina al trío de él y las dos hermanas en las ceremonias. Zoé murió en 1050, su marido en 1053, Sclerina fue devuelta a su casa y así Teodora gobernó por fin sola.

MATILDA de Toscana era hija del Duque de Toscana, Bonifacio y su esposa Beatriz. Nació en 1046 y a los 8 años se casó con Godofredo. Su padre fue asesinado cuando ella tenía 6 años y su hermano murió. Al frente de una gran fortuna y territorio fue sin embargo encarcelada por el Emperador Enrique III y su marido escapó. Poco después el emperador y Godofredo hicieron las paces y el emperador liberó a las dos mujeres. Su marido murió en 1069 y ella se casó con el hijo de un matrimonio anterior, Godofredo y se instaló en Lorena. Dos años después perdió a su único hijo y entonces volvió a Italia y se instaló en Toscana con su madre, gobernando el Ducado juntas hasta la muerte de Beatriz en 1076 y luego continuó ella sola hasta su muerte en 1115. En su castillo de Canosa fue donde el Emperador Enrique IV estuvo tres días descalzo sobre la nieve para lograr el perdón del Papa Urbano II. Matilda, aliada siempre con el Papa, gobernó prudentemente y logró un próspero y fuerte Ducado.

JIMENA, hija del conde de Asturias y su esposa, nació en 1074, en Navas o Burgos. Se casó con Rodrigo, el Cid Campeador y cuando su marido conquistó Valencia en   se mudó allí, donde siguió gobernando como había hecho siempre porque su marido estaba siempre en alguna batalla. Cuando el Cid murió fue atacada por los árabes y defendió la ciudad pero en un momento tuvo que pedir ayuda a su primo el rey Alfonso VI quien la ayudó pero en 1102 le exigió que se retirara lo cual ella hizo y murió poco después.

URRACA nació en 1081, hija de Alfonso VI rey de León y luego también de Castilla y de su esposa Constancia. Se casó con Raimundo de Burgundia con quien tuvo dos hijos y quien murió. Cuando su hermano murió en batalla, su padre la quiso casar de inmediato pero a su vez murió al año siguiente. Siguiendo la idea de su padre ella se caso con Alfonso I el Batallador, rey de Aragón, a quien odiaba. De hecho nunca le permitió actuar en las cuestiones de Castilla. A pesar de las presiones de su amante y del obispo nunca cambió su decisión y lo hizo co-regente a su hijo Alfonso

VII previendo que ella muriera lo cual ocurrió poco después en 1126

ANNA CONMENA nació en 1083 en Constantinopla, fue hija del emperador Alexis Conmeno y su esposa Irene. Recibió una educación extremadamente exquisita. Se casó con Nicéforo Bryenius con quien vivió durante 40 años y tuvo cuatro hijos. Cuando su marido murió se internó en un monasterio. Escribió la historia de su padre, lo cual incluyó la historia de la Primer Cruzada y la descripción de la vida en la época y en la Corte. Murió en 1153, dejando un valioso documento por la que se la considera la primer historiadora de la Historia.

HILDEGARDE DE BINGEN nació en 1098, en el distrito renano de Alemania. Sus padres (como otros) decidieron que hiciera vida anacoreta y la encerraron en una celda con una sola ventana en el monasterio de Disibodenburg. En la celda con ella estaba Jutta, una anacoreta que le enseñó a leer, escribir, latín y música. Hildegarde pasó los siguientes siete años en esa habitación mínima. Reconocida su capacidad a través de las paredes, otras mujeres encerradas quisieron aprender con ella y así su semi confinamiento le dio la oportunidad de conocer el resto del monasterio. Doscientos años antes del Renacimiento desarrolló habilidades prodigiosa en mística religiosa, composición musical, escritora, ejecutora, sanadora, botánica y administradora. Más adelante escribió poemas, una opera, obras de misterio religioso, libros y describió los efectos medicinales de 485 hierbas y plantas haciendo lo que puede considerarse como primera descripción del orgasmo femenino. Abrió otro monasterio en el Rhin, administrando ambos. Hildegarde luchó siempre a favor de la tolerancia, de la justicia y de una espiritualidad positiva en una Europa donde se vivía una cristiandad estrecha.

ELOISA se enamoró del monje filósofo Abelardo. Tenía 17 años y él decidió tener relaciones sexuales. Así fue como ella quedó embarazada y entonces frente al problema él resolvió casarse en secreto y mientras tanto llevarla al convento donde ella se había educado. El tío de ella. Fullbert, no estuvo de acuerdo y mandó a unos individuos que en la noche o castraron. Ante la situación él se retiró, ella se fue al convento del Paráclito que había fundado Abelardo en 1129 y en él escribió largas cartas de amor que han pasado a la Historia como un ejemplo de amor y de literatura.

MATILDA nació en Inglaterra en 1102.era nieta de Guillermo el Conquistador. Casada a los 12 años con el Emperador Enrique V a los 29 fue llamada por su padre para declararla heredera del trono ante la muerte de todos los que hubieron sido tales. Su padre arregló su casamiento con el Duque de Anjou Godofredo Plantagenet. Ella tenía 29 años y él 14.tuvieron un hijo Enrique II, pero cuando murió, Esteban de Blois produjo un golpe de Estado y tomó el trono. Le llevó cuatro años a Matilda reunir a sus seguidores. Dos años después lo batieron a Esteban y ella fue proclamada "Lady of England" (Señora de Inglaterra). En los siguientes cinco años ella fue expulsada del trono por sus excesivas demandas económicas y lo recuperó hasta que en 1148, nueve años después que invadiera la isla, decidió retirarse a Normandía. Su hijo Enrique II ascendió al trono en 1154 y ella murió en paz en 1167.

MELISANDA fue reina de Jerusalén. Nació en 1105 hija del rey Baldwin II y la reina Morphia de Melitene. Como la reina no paría varones lo presionaron a Baldwin para que buscara otra, pero él se negó. Al mismo tiempo recomendado por el rey de Francia la casó con Fulk de Anjou, pero previendo que este no le sería fiel, se hizo coronar a él, a su esposa, a su hija, a su nieto Baldwin III y a su yerno. Cuando su padre murió en 1131 ella ascendió al trono, pero su marido bajo la excusa (o realidad) de que ella le era infiel con Hugh conde de Jafa, fue aparentemente instigador de un intento de asesinarla. Esto fue muy mal visto y a partir de 1135 la posición de Fulk se hizo más y más débil. Un año después se reconcilió con Melisande y nació Amalrico. En 1143 Baldwin murió y en 1145 Baldwin II llegó a la mayoría de edad y se coronó junto a su madre, pero la traicionó y se adelantó en secreto su coronación. La ruptura duró poco porque él estaba siempre en campañas y necesitaba alguien de confianza para administrar. Ella de todas maneras conquistó un territorio anexo, a partir de 1153 resignó su corona y en 1060 tuvo según parece un ataque cerebral y murió al año siguiente. En medio de estas peripecias, Melisande se arregló para apoyar las artes y mejorar las iglesias.

ELEANOR DE AQUITANIA fue una mujer formidable que tuvo una enorme influencia en Europa durante su vida. Nacida en 1122 hija del duque Guillermo X de Aquitania, tomó el poder a los 15 años cuando su padre murió. Siendo también condesa de Poitiers, se casó con Luis VII que fue coronado rey de Francia ese año. Tuvieron dos hijas. Ella lo acompañó en la Cruzada y su tío Raimundo de Trípoli se ofreció a Luis para recuperar Montferrand de los turcos. El dijo que primero quería primero

94

peregrinar a Jerusalén. Tío y sobrina decidieron seguir sus planes y Luis enojado atacó y Eleanor pidió el divorcio. Luis perdió la batalla, también el honor y a su mujer quien por fin en 1152 consiguió que se anulara el matrimonio. Eleanor volvió a su tierra y se casó con el duque de Normandía quien en 1154 se coronó como Enrique II de Inglaterra. Tuvieron 8 hijos: Ricardo I Corazón de León rey de Inglaterra 1189-99, Juan sin Tierra rey en 1199-1216, Eleanor casada con Alfonso de Castilla, Matilda casada con Enrique de Lyon, Juana casada con Guillermo de Sicilia, o sea una fuerte área de influencia en Europa. Eleonor siguió administrando sus territorios aunque casada con el inglés. En 1172 le dio el territorio de Aquitania y Poitiers. En 1173 sus hijos, junto con ella, se enfrentaron a Enrique II pero fueron derrotados y Enrique la encerró a ella hasta su muerte en 1189(15 años). Ricardo, ya rey, fue a la Cruzada y ella quedo a cargo del reino. Tomado prisionero por el Duque Leopoldo de Austria este exigió 150.000marcos, suma enorme que Eleonor no tenía pero que logro reunir y con ella en mano fue a buscar a su hijo. Tenía ochenta años cuando arregló el casamiento de su Nieta Blanca de Castilla con el Delfín de Francia. Había triunfado en todos los frentes pero estaba exhausta y se retiró al monasterio de Fontevrault en Anjou donde murió en 1204.

TAMARA nació en 1156 hija del rey Jorge III de Georgia. En 1178 su padre la coronó co-regente. Seis años después su padre murió y ella fue coronada rey de Khartalinia, que abarcaba la actual Georgia y otras tierras cercanas. Era conocida por su notable humanidad, moderación y cultura. En 1178 su tía Rusudani fue puesta como su tutora y tres años después se casó con Jorge de Kiev. Pero como no tenían descendencia Tamara opto por exilarlo y casarse a los dos años y en 1193 se caso con cu primo David Sosland. Con él tuvo a Jorge y Rusudani. Tamara quiso comprarle a Saladino la Cruz pero Saladino se negó. En 1191 y en 1200 su primer esposo trató de deponerla pero fue derrotado en ambas ocasiones. Para ese entonces Tamara tenía el ejército más fuerte del área. En 1205 hizo co-regente a su hijo y ayudó a Alejo y David Comenno, nietos del Emperador Andrónico y sobrinos suyos a tomar Trebiz y ocupar dominios alrededor del Mar Negro. David fue muerto en 1206 pero Alejo fue coronado Emperador iniciando una dinastía que duraría 250 años. Su marido murió en 1207 y cuando ella murió en 1212 la sucedió su hijo Jorge IV.

CONSTANCIA nació en 1154 y se casó con Enrique VI Hohenstaufen, que sería

Emperador un año antes de asumir el trono imperial murió su sobrino y ella reclamó el reino de Sicilia que le correspondía. Se enfrentó con el Conde Roger y con Tancredo de Lecce y durante varios años mantuvieron un arduo conflicto lleno de luchas, atentados y retaliaciones, hasta que Tancredo murió cinco años después, ella quedó como reina de Sicilia, tuvo a su hijo Federico II y para que no hubieran dudas con la sucesión en vista de la cantidad de candidatos que se movían para heredar el trono, lo tuvo en una plaza publica frente a 200 personas incluidos 15 obispos que podrían asegurar que Federico era hijo suyo. Lo hizo coronar por el Papa cuatro años después, el mismo en que luego ella murió (1198).

BLANCA DE CASTILLA nació en Palencia en 1188, hija del rey Alfonso VIII y su esposa Eleanor. Cuanto tenía 11 años su abuela Eleanor de Aquitania arregló su casamiento con el que sería Luis VIII de Francia. Eleanor viajo personalmente para darle al hecho la importancia que tenia para las relaciones entre los países. En 1214 tuvieron un hijo que sería San Luis IX. Cuando su tío Juan sin Tierra murió ella trató de hacer valer sus derechos pero fue derrotada por Enrique III. En 1223 Luis VIII ascendió al trono de Francia ero murió tres años después. Siendo su hijo un joven de 12 años, ella tomó la regencia en la cual hizo notar su fuerza y habilidad, llegando a comandar a su tropa en el campo de batalla contra los nobles a quienes finalmente echó y los sustituyó por comuneros (miembros de las comunas o provincias). Ella propuso el Tratado de Paris que llevó años de bonanza al pueblo francés en paz. En 1248 Luis y su mujer Margarita resolvieron ir a la Cruzada, en la que él fue hecho prisionero. Dado el ejemplo de su anterior regencia fue nombrada nuevamente en el cargo. Negoció hábilmente con los ingleses y con el emperador Federico para mantener la paz y pagó el rescate de su hijo a los turcos quien volvió en 1252 a Francia, pero ella había muerto en 1250.

CLARA DE ASIS Santa, nació en 1194, en una familia rica. Lo conoció a Francisco y siguió sus enseñanzas. Inicio la orden de las Clarisas y de la tercer orden franciscana. Ambas se dedicaban a ayudar a los pobres y a los enfermos. Fue una gran iniciadora para la iglesia de su tiempo y un modelo que siguieron muchas mujeres después. Murió en 1254, en Asís donde había nacido y donde tenía su convento.

BRIGITTA DE SUECIA Santa, nació en Vadstena en 1303.Tenia visiones y eso preocupaba a sus padres. A los trece años la casaron con quien tuvo ocho hijos. Después de una visita que hizo a Compostela, se le ocurrió crear un grupo dedicado a los pobres y eso hizo a su vuelta. A pesar de haber sido llamada por la Reina para ser una de sus damas, ella seguía trabajando en el convento y teniendo sus visiones. El rey Magnus IV le dio un gran apoyo económico que le permitió abrir ocho conventos en distintas partes de Escandinavia creando la orden de las Brigitinas. Hizo viajes a Jerusalén y a Roma, donde por fin se quedó (su marido se murió en 1344) y consiguió la aprobación de la Orden por el Papa Urbano V en 1370 y se murió en 1373.

ALESSADRA GILIANI nació en San Giovanni en 1307. Se dedicó a la medicina e ideó un método para distinguir venas de arterias, que hasta entonces se ignoraba cual era cual. En un muerto, puso un líquido de un color en la arteria que recorrió todo el sistema arteria y otro en el venoso. De esta manera hizo un aporte realmente importante para cualquier tratamiento futuro. Vivió 19 años y murió debido a la infección de una herida.

PHILIPPA DE HAINAULT nació en 1313 hija de Guillermo III de Hainault y Jeanne de Valois. En 1328 se casó con Eduardo III de Inglaterra. Desarrollo los modelos de vestidos ingleses que se usaron por siglos e inició también una industria que sería muy importante en Inglaterra, la del carbón, abriendo la mina de Tyndale. Apoyó las artes y a varios literatos y también a su marido en la guerra con Escocia. Tuvo 12 hijos el mayor Eduardo el Príncipe Negro. Murió en 1369 victima de la Peste Negra.

CATALINA DE SIENA nació en 1347 y tuvo una corta vida (murió en1380). Se hizo dominica y aunque no sabía escribir el grupo de las Catirinati escribía sus cartas a toda clase de personas, incluídos los papas de Avignon y Roma. Se flagelaba tres veces por día, comía poco y durante la plaga su grupo ayudó a los enfermos y con sus propias manos después los enterraba.

MARGARITA, (de Escandinavia) nació en Dinamarca en 1353, hija del rey Valdemar IV y Helvig, hermana del Duque de Schleswig. A los seis años se casó con el rey Hakon VI de Noruega y pasó su juventud en Noruega. En 1370 tuvo a un hijo (Olav V) y en 1375 logró que su hijo fuera declarado rey de Dinamarca con ella como regente. Cuando su marido murió en 1380 ascendió al trono de Noruega como regente de su hijo. Su hijo murió en 1387 y ella adoptó a su sobrino de seis años Erik de Pomerania como heredero. Los suecos tenían problemas con su rey Albert y le pidieron en 1388 que fuera su reina. En 1388 Alberto cayó prisionero de sus fuerzas y en 1397 ella reunió los tres reinos en la Unión de Kalmar que duró hasta 1523. Los principados alemanes le eran hostiles y tuvo que usar la fuerza contra Holstein en 1412, año en que murió repentinamente

CHRISTINE DE PIZAN, nació en Pizzano en la Lombardía en 1364. Vivía allí o en Venecia cuando el rey de Francia le hizo un ofrecimiento de trabajo a su padre, notario, y se mudaron a Paris. Ella se casó a los 15 años con el secretario de la Corte Etienne du Castel con quien estuvo casada durante diez años y con quien tuvo tres hijos. Según dijo después, fueron años de gran felicidad. Etienne murió víctima de la Peste Negra y Christine se quedó sin medio de vida a los 25 años. Solo al cabo de muchos años de pleitear consiguió recibir su herencia. Su educación esmerada le permitió sin embargo empezar a trabajar de inmediato en traducciones. Poco después empezó a escribir sus propias obras, poemas melancólicos producto de su situación que tuvieron rápido éxito. A estos siguieron tres libros a su mediana edad que tuvieron gran éxito, tras los cuales se recluyó en un monasterio donde escribió aun un libro sobre

101

Juana de Arco. Fue una buena escritora, la primera profesional y murió en 1430.

JUANA DE ARCO nació en Orleans en1412. Inspirada por sus voces interiores insistió ante el débil Delfín en combatir a los ingleses que invadían Francia y retomar Orleans. En 1429 se puso al frente del ejército y batió a los ingleses expulsándolos de Orleans y haciéndolo coronar al Delfín como Carlos VII en Reims. Tres años después fue traicionada y entregada a los ingleses, quienes la juzgaron y la condenaron por herejía a morir quemada en 1431.

VII. DESPUES DE LA EDAD MEDIA

Durante el S. XV ocurrieron tres hechos que son de gran importancia. En 1453 los turcos tomaron Bizancio y terminaron con el Imperio Romano de Oriente luego de mil quinientos años de existencia, los moros fueron expulsados de Europa al caer Granada y Colón descubrió América. De estas tres importantes fechas se ha elegido la primera para dar por terminada la Edad Media,

Sin discutir la validez o importancia de esta elección, el hecho es que el S. XV es una bisagra en la Historia de la Humanidad, ya que al mismo tiempo empezaba en la península itálica, el Renacimiento. Esta ruptura con la tradición significó el inicio de una serie de etapas donde no hubo ningún país que fuera único en Europa ya que los Imperios se basaban en sus extensiones en América, Asia o África. La religión católica se escindió de una nueva manera definitiva con la Reforma y la filosofía tomista fue discutida por nuevas tendencias. Al gótico siguió el rococó y diferentes esuelas demostraron la versatilidad que reinaba en el mundo después de la ruptura de la Unidad de la Fe que mantuvo la Edad Media.

Por esto no voy a capitular grupos o escuelas, países o imperios, sino que solamente mencionaré y haré un esquema de vida de alguna de las mujeres más importantes de estos siglos.

Una característica que muestra la mayor independencia que tomaban las mujeres fueron las protestas que se produjeron en Italia, España, Alemania, Francia o Inglaterra. Ya en 1386 AGNES SADELER organizó una protesta de campesinos en Worchestershire. En 1603 doscientas mujeres protestaron en Lincolnshire por un problema con su ganado. En 1642 ANNE STAGE reunió cuatrocientas mujeres para presentar una protesta financiera a la Cámara de los Lores y a la de los Comunes.
Once años más tarde tres mil mujeres salieron a la calle a exigir mejoras
A mediados del S. XVII LA BRAINLAIRE comandó una protesta sobre impuestos en Montpellier.

En 1462 nació CATALINA SFORZA, hija ilegítima de Galleaza Sforza y su amante. Su abuela paterna Bianca Vistonti-Sforza se dedicó a darle una esmerada educación. Se casó con el sobrino del Papa y señor de Forli. En 1483 los venecianos atacaron Forli y ella lideró la resistencia hasta que su marido

104

volvió; cuando el Papa murió estando ella
embarazada de siete meses sostuvo las
fortaleza de Sant'Angelo hasta que llegara el
nuevo Papa. Durante la enfermedad de su
marido ella gobernó Forli y cuando él fue
asesinado por un Orsi, ella tomó el comando
en nombre de su hijo y se dedicó a ejecutar,
mutilar y romperle miembros a los Orsi. Tuvo
que luchar con sus vecinos, enfrentar los
reclamos papales a su trono y hasta de
Francia. Cuando su hijo fue tomado como
rehén dijo que no iba a entregar la fortaleza
(estaba otra vez embarazada) porque ella
podía hacer otros hijos y ellos no. Catalina
tuvo muchos amantes, algunos escandalosos.
De uno de ellos, Giácomo di Feo su hijo estuvo
celoso y lo torturó y mató. Ella entonces los
tomó a su hijo, su nuera y su nieto y los tiró
en un pozo donde se ahogaron. Después del
Tratado de Blois en 1499, el increíble Papa
Alejandro VI decidió que ella era "hija de la
iniquidad" y lo nombró a su hijo Cesar Borgia
para tomar el Trono de Forli. La reunión de las
fuerzas papales y francesas le dejaban pocas
posibilidades de vencer. Le escribió a su tío "si
debo morir quiero morir como un hombre". Sin
embargo fue raptada en 1500, violada y
sodomizada durante un año por las tropas de
Borgia y dejada libre en 1501. Murió en 1509.

BEATRIZ GALINDO, nació aprox. En 1464 en Zamora, hija de hidalgos venidos a menos, prevista para ser monja, le hicieron estudiar latín para prepararse. A los quince años dominaba el latín de tal manera que se había hecho ya reconocida por ello a tal punto que la reina Isabel la llamó a la Corte y la contrató para que le enseñara. Llamada La Latina, era de tal carácter que fue de la confianza de la reina y enseñó. Escribió poemas y libros en latín y estudió medicina y teología. Se casó en 1493, tuvo dos hijos y en 1501 enviudó y se retiró a su palacio donde murió en 1534.

ISABEL I la Católica nació en 1451, hija de Juan II rey de Castilla. A la muerte de su padre tomó el trono Enrique IV que era medio hermano de ella y que estaba preocupado por quien fuera a ser el marido de ella, quien era su heredera. A pesar de la opinión de Enrique, Isabel se casó en secreto con su primo segundo Fernando II de Aragón lo cual daría pie a la formación de España. En 1474 enrique murió e Isabel fue coronada. Juana, hija de Enrique la confrontó y así hubo una guerra civil que duró cinco años, hasta que Isabel venció. El mismo año de 1479 Fernando era coronado rey de Aragón, pero durante la vida de ambos cada Estado fue administrado por separado. Isabel se decidió expulsar a los moros de España e inició una guerra que duró

10 años hasta que retomó Granada y después de 781 años los árabes quedaron fuera de Europa. Isabel estuvo en los frentes, animando la tropa y fundando hospitales. En 1486 Colón la entrevistó pero ella quería terminar primero la guerra, después de lo cual armó la flota aventurera en la que Fernando no quiso participar., lo que sería la base del Imperio. Isabel dio apoyo también a la literatura, las artes y la Iglesia. Murió en 1504.

PROPERZIA DE ROSSI nació en 1490. En esa época ser escultora era poco menos que imposible, no solo porque no se tomaba en cuanta a las mujeres sino porque para estudiar había que vivir en la casa del escultor y esto era muy mal visto. Properzia tuvo la suerte de poder estudiar con Raimondi que hacia tallados pequeños y puso a partir de allí desarrollar cada vez su arte escultórico, hasta que llegó a ser contratada por la iglesia de San Petronio en Bolonia para hace le varias esculturas. Tenía 40 años cuando murió aplastada por las acciones de un escultor envidioso, Aspertini, quien empezó a hablar mal de ella, sobre su vida sexual, después la llevó a juicio por maltratar a otro escultor y esto hizo que no le pidieran más trabajos, por lo cual murió en la miseria poco después

CATALINA DE MEDICIS nació en 1519 hija de Lorenzo de Medicis y Madeleine de Borbón. Sus padres murieron siendo ella niña y fue educada esmeradamente por monjas en Florencia y Roma. A los 14 años se casó con Enrique Duque de Orleans quien como Catalina no tuvo hijos hasta los 24 años tomó una amante, Diana de Poitiers que tuvo mucha influencia sobre él toda la vida. Catalina tuvo diez hijos de los cuales siete vivieron. Tres de sus hijos fueron reyes de Francia y dos de sus hijas reinas de España. Fue regente de Francia en tres ocasiones. En 1560 siendo regente dictó el Acta de Tolerancia que alivió la tensión entre católicos y hugonotes pero no pudo detenerla y se le achaca haber inducido a su hijo Carlos IX el haber llevado a cabo la masacre de la Noche de San Bartolomé, donde los principales hugonotes fueron muertos, poniéndose así fin al enfrentamiento. Murió a los 70 años en 1589

MARGARITA DE NAVARRA, también llamada de Francia o de Angulema, nació en 1492 hija del Conde de Valois y de Louise de Savoy, fue la intelectual más notable, después de su madre, en esa época. Su hermano fue Francisco I de Francia y ella se casó con Enrique II de Navarra, protestante. Estuvo en relación con los principales autores de la época y trató de atemperar el carácter de su hermano respecto de la Reforma. Publicó varias obras durante su vida, pero solo después de su muerte en 1549, se publicó el Heptamerón en 1558. Son 72 cuentos sobre temas licenciosos donde la virtud es alabada y el vicio censurado, pero también es una crítica a miembros de la jerarquía eclesiástica. Es el primer libro publicado por una mujer sobre temas abiertamente sexuales.

TERESA DE JESUS, Santa, nació en Ávila en 1515. Su padre quería que fuera monja, pero no carmelita. Ella quería ser carmelita y aunque cayó enferma y tuvo que volver a su casa nuevamente se fue al convento y pasó años de crisis. Resuelta a darle a la orden el viejo espíritu que se había debilitado, fundó 17 conventos en España y finalmente con la ayuda de san Juan de la Cruz, uno para varones. Desde 1562 se dedicó en espacial a estas fundaciones y la de varones fue en 1567. Escribió no solamente las reglas de la orden sino numerosos libros que hicieron que fuera declarada santa y finalmente doctora de la Iglesia. Murió en 1582.

No se sabe el año de nacimiento ni siquiera se conoce con seguridad el lugar en que nació. ROXELANA, uno de los nombres con las que se lo conoce fue seguramente ucraniana y fue raptada por los tártaros y vendida como esclava. En Kaffa Soliman el Magnifico la incorporó como esclava de su harem. Era el año 1520. En el harem Roxelana se esmeró por aprender el Coran, turco, árabe y persa además de todas las habilidades propias de las odaliscas. Un día Solimán advirtió su belleza y empezó a gozar de su compañía y le escribió poesías. Ella quería donar dinero (tenía mucho debido a los regalos del Sultan) pero como esclava no podía, por lo que él decidió liberarla. Ella creó dos hospitales y un día le recordó que según el Corán no podía tener relaciones si no estaban casados.

Increíblemente el Sultan aceptó y se casó con ella en 1530. Tuvieron tres hijos y Solimán mandó matar a su hijo previo, Mustafá. El palacio un día sufrió un importante incendio y esto hizo que Roxelana pasara el tiempo desde 1541 hasta 1558, redecorándolo, fecha en que murió.

El 3 de agosto de 1529 se firmó el tratado de las Damas o tratado de Cambrai. Carlos V y Francisco I pasaron su vida peleando. En un punto la madre de Francisco la reina Luisa de Savoya y la tía de Carlos, Margarita de Austria, llevaron a cabo una intensa negociación que terminó en ese tratado. Fue un acto importante, aunque los rencores entre los dos coronados no decrecieron demasiado, pero debe ser el único tratado negociado y firmado entre dos mujeres no reinantes basadas en la autoridad que tenían sobre el Rey y el Emperador.

En 1555 nació Margarita FUSS llamada luego Madre Greta. Fue una de las muchas comadronas que proliferaron en la Edad Media y posteriormente. Era llamada de ciudades lejanas, de Cortes y de casas ricas. Además las COMADRONAS ayudaban a los médicos en especial cuando había epidemias y actuaban como médicos a falta de ellos viendo lo que ellos aplicaban. Madre Greta murió en 1626 y ese día las campanas de Estrasburgo sonaron en su honor. Otra celebre comadrona fue Louyse BOURGEOIS, quien atendía en el Hotel de Dieu en Paris, trajo al mundo más de 2000 niños y escribió varios libros sobre el tema que fueron texto durante mucho tiempo.

MARIA I "Bloody Mary", llamada así porque siendo católica, hija de Enrique VIII y Catalina de Aragón fue maltratada por todas las sucesivas esposas de su padre hasta que a los 37 años tomó el trono, primer reina que gobernaba sobre toda Inglaterra por derecho propio. Restauró el catolicismo, el Papa levantó la condena, ella estaba casada con Felipe de España, Wyatt encabezó un levantamiento contra ella quien lo venció de forma muy sangrienta y al año siguiente,

1555, cuando la Iglesia Católica restauró las leyes heréticas, María permitió o indujo la muerte en la hoguera de 280 heréticos, protestantes que antes se habían quedado con bienes de los católicos condenados por Enrique VIII. Murió en 1558.

Megg ROPER, era en realidad Moro, hija de Tomas Moro, canciller de Enrique VIII con quien se enfrentó y fue encarcelado. Megg que se había casado con William Roper, tuvo la valentía de enfrentarse con el autoritario y caprichoso Enrique VIII demandando la libertad de su padre. Fue encarcelada un corto tiempo y finalmente no puedo evitar que su padre fuera decapitado en 1535.

Lavinia FONTANA era hija de Prospero Fontana, un artista y se casó con Gian Paolo Zappi, artista mediocre. En vista de las habilidades de Lavinia, el marido decidió quedarse al cuidado de la casa para dejarle a ella tiempo para sus pinturas. El éxito en Bolonia, llevó a que el Papa Clemente VIII la contratara para Roma, adonde se mudaron. Este reconocimiento en 1570 era muy raro para una mujer. En 1611 se hizo una medalla en honor de ella y sus trabajos.

SOFONISBA ANGUISSOLA nació en Cremona en 1532. Se dedicó a la pintura en una familia de artistas fue contratada por Felipe II como pintora de la Corte. Se casó con un Señor siciliano, Fabrizio de Moncada y se fue a vivir a Sicilia. Cuatro años después él murió y Felipe, aún sin pintor, la volvió a contratar. Ella tomó un barco y se enamoró del capitán Orazio y se casó con él. Se convirtió en una famosa retratista llamada por todo tipo de personalidades para que les hiciera un retrato. Es notable la falta de conocimiento que los siglos tuvieron sobre ella, hasta que en 1995 se hizo una exposición dedicada a su obra en el Museo de Nueva York.

ISABEL I nació en 1533. Era protestante y considerada una amenaza permanente durante el reinado de su hermana María (1553-58). Acusada de rebelión fue encarcelada en la Torre de Londres. Cuando subió al trono por los siguientes 45 años luego de la muerte de su hermana, venció a la Armada de España, ayudó a los Países Bajos a independizarse de España, ayudó a los protestantes de Francia, incitó la formación de piratas a los que dio títulos de nobleza para boicotear el comercio entre España y América, tomó prisionera a quien podía amenazarla, María Estuardo reina de Escocia a quien tuvo prisionera por 18 años y por fin la decapitó. Nombró a Jaime VI de Escocia hijo de María como su sucesor y así fue como Jaime I, se convirtió en el primer

113

Estuardo de una familia que reinaría por años en Inglaterra.

CATALINA CORNARO nació en 1454. Se casó con el autoproclamado rey de Chipre Jaime II Lusignan y tuvo un hijo con él. Cuando el rey murió ella tomó la regencia del hijo, Jaime III, quien murió siendo bebe. La historia es poco clara alrededor de esta mujer, pero parece que por fin los venecianos viendo que podía peligrar una isla tan estratégica para ellos le ofrecieron mantenerla como reina de Chipre con un pago anual importante, pero viviendo en tierra veneciana. Ella se dio cuenta que no podría enfrentar los enemigos que podría tener y acepto la oferta. Murió en Asolo en 1510.

JUANA LA LOCA fue hija de los Reyes Católicos. Nació en 1479 y se casó con Felipe de Flandes. Tuvo seis hijos uno tras otro y su marido le era sistemáticamente infiel. En 1504 heredó el trono al morir Isabel. Al morir Felipe dos años después, Juana entró en una depresión delirante y viajaba con el cadáver embalsamado de su esposo, hasta que en 1509 su padre tomó la regencia del trono y la internó en el castillo de Tordesillas donde siguió viviendo con el cadáver, rodeada de cantores y otros entretenimientos que sus carceleros no declarados le proporcionaban. Murió, siendo reina, en 1555. Hasta hoy no se sabe si fue realmente loca o si se aprovechó la angustia por la muerte del ser amado, para bloquearla y tomar el poder.

LUCRECIA BORGIA nació en 1480, hija del Cardenal Borgia, futuro Papa Alejandro VI y hermana de Cesar Borgia. Lucrecia tuvo que casarse tres veces siguiendo los intereses y ordenes de su padre y en medio de las aventuras de su hermano. Su último casamiento fue con Alfonso D'Este, Duque de Ferrara, donde se instaló y abrió su corte al esplendor de la época hasta su muerte en 1519. Según parece su vida aventurera en sus pocos años de vida (39) fue más leyenda que realidad y su eventual capacidad intrigante parece haber sido más un instrumento de su hermano y de su padre, con quien no se sabe si en algún momento tuvo relaciones incestuosas.

CATALINA DE ARAGON nació en 1485, hija de Fernando e Isabel. Se casó con el hijo mayor de Enrique VII de Inglaterra quien murió al año siguiente y entonces se casó con el segundo hijo, Enrique que sería el VIII. La relación fue buena hasta que Catalina parió la sexta hija. La falta de heredero llevó a Enrique a pedir la anulación del matrimonio. El Papa no contestó. Entonces él se casó con Ana Bolena en 1531 y dos años después el Arzobispo de

Canterbury anuló su matrimonio y lo nombró jefe de la iglesia anglicana. Durante la campaña de Enrique en Francia, Catalina gobernó acertadamente el país por dos años. Murió en 1534.

MARIA ESTUARDO nació en 1542, hija del rey de Escocia Jaime VI y María de Guise. El mismo año en que ella nació su padre murió y entonces su madre temiendo la intromisión de Enrique VIII, la mandó a Francia, donde se educó y se casó a los 16 años con el que sería Francisco II de Francia. A los 18 años su marido murió y ella volvió a Escocia, donde reinó con mucha prudencia en el tema católico-protestante. Pero se casó con Lord Darnley a pesar de la unánime protesta en contra con quien tuvo un hijo Jaime VI. Convencida de que su marido quería matarla tomó un amante, Bothwell, quien la raptó y se casó con ella, después de haber matado a Darnley. Los nobles la obligaron a abdicar en su hijo y la encerraron en Loch Leven. Ella huyó al año siguiente pero Isabel de Inglaterra la encerró en la Torre durante 18 años, al cabo de los cuales la decapitó en 1586.

Los Pazzi fueron una noble familia florentina. CATERINA D'PAZZI resolvió sin embargo dejar esa vida en 1574 y se recluyó en el monasterio de Santa María degli Angeli, donde además de

116

sus tareas monacales, pintaba. Esto fue mal visto por las monjas las que decidieron taparle los ojos para que dejara de pintar. Pero Caterina siguió pintando. La encerraron en un cuarto oscuro...y siguió pintando. Además cumplía con las tareas monacales sin las bandas sobre los ojos. Nos han llegado cinco de sus pinturas las que según los técnicos no son brillantes... ¡pero fueron pintadas a ciegas!

MARY WARD nació en 1585 en Yorkshire., en una familia católica. Vivió sus primeros años viendo como los católicos eran perseguidos y muertos por los anglicanos y ella misma tenia que mudarse permanentemente de un lugar a otro. A los trece años le dispusieron una boda que ella rechazó y quiso entrar a aun convento, pero no había conventos católicos en Inglaterra y se fue a Francia y luego a Bélgica, donde por fin creó su propia orden siguiendo las normas de los jesuitas y abrió colegios para niñas inglesas católicas. Del modesto comienzo en San Omer, siguió a institutos en Lieja, Colonia y Treveris en 1615. en 1622 a 1624 inició otros institutos en Roma, Nápoles y Perugia. Seguía sin conseguir aprobación papal básicamente porque no eran monjas de clausura. Fue entonces al Norte donde Maximiliano le permitió abrir dos institutos, uno de ellos magnifico. Intentó nuevamente la aprobación papal al cambiar el

Papa y fue nuevamente rechazada y cuando volvió a Alemania la Inquisición la puso presa. Después de unos meses le permitieron volver a Roma, aunque ya muy enferma y el Papa le dio una recepción amabilísima. Ella quedó contenta creyendo que aprobaban el Instituto, pero no fue así y no la dejaron salir de Roma. Murió en 1649 pero sus institutos continuaron y aun hoy continúan.

Luis XIV reinó durante 72 años, desde niño. No bien estuvo en condiciones físicas tuvo una extremada tendencia a favor del sexo femenino. Se caracterizó como muchos otros hombres y mujeres en el poder por tener alguna amante, pero él tuvo siempre por lo menos una. De todas ellas y de todas las demás amantes de la historia voy a señalar a dos que tuvo este rey tan humilde: madame de MAINTENON, quien además de su amante y de su influencia en el poder inauguró el colegio de Saint Cyr, para niñas de 7 a 13 años, colegio sumamente selecto y Mame POMPADOUR, que no fundó ninguna obra, pero ejerció una enorme influencia en la política de Francia y sus vecinos.

En el S. XVII vivió NINON DE LENCLOS, que fue una prostituta de gran nivel, amante tan solo de personas de mucha importancia. Tuvo dos hijos que los dio para que otros los criaran y por fin la reina Ana puso coto a esa situación mandándola a un convento. Como no tenia nada mejor que hacer se dedicó a escribir un libro "La vida de una coqueta", que en francés tiene un sentido más amplio que en castellano. Cuando por fin logro quedar libre otra vez se le dio por tener relaciones con jóvenes, los que gozaban de su experiencia, incluido uno de sus hijos sin que ninguno de los dos lo supiera. Cuando se enteraron el chico se suicidó. Fue amante de Voltaire entre otro a quien dejó un legado y una frase: la vejez es el infierno de la mujer.

En ese mismo siglo y también sin fechas específicas vivió SIMON TRINTJE, una holandesa que llevaba a cabo tareas fuertes y que cuando hubo una leva, se presentó y formó parte del ejército. Al cabo de cierto tiempo Simon murió en batalla. Cuando lo fueron a enterrar se dieron cuenta que en realidad no era un varón sino una mujer y nunca lo habían notado antes.

A mediados del S. XVII nació en Venecia ELENA PISCOPIA. Aunque no entró en un convento llevaba bajo sus ropas las de una monja y nunca se casó. Nació en 1646 en una familia noble y se dedicó a estudiar y abarcó todas las áreas del conocimiento siendo la primer mujer en obtener el titulo de filosofía, además de lo cual ejecutaba varios instrumentos musicales y componía. A la edad de 14 años tenía una gran cantidad de conocimientos y tres años después hizo su voto de castidad. Ante la realidad de que no podía hacer nada con su título, daba clase de matemáticas y se propuso escribir sobre filosofía, lo cual hizo en tres tomos. Se dedicaba a ayudar a los pobres e iba a los barrios más necesitados de Venecia, donde seguramente contrajo la tuberculosis de la que murió. Entonces los venecianos lamentaron la "muerte de la santa", pero habían desperdiciado su talento durante su vida.

JUANA INES DE LA CRUZ, SOR, era Juana Inés de Asbaje y Ramírez de Santillana y había nacido en 1651 en San Miguel, (México). Se hizo monja y escribió poemas y dramas al nivel de sus contemporáneos Góngora, Alarcón o Quevedo. Fue una brillante escritora, aquella de "Necios hombres que acusáis a la mujer sin razón...". Murió en México en 1695.

WORTLEY MONTAGU, MARY, nació en 1689. Hizo un importante aporte a la ciencia. Viajó con su marido a Turquía en 1716, donde aprendió el arte de la inoculación de vacuna contra la viruela. La aplicó en su familia y cuando volvió a Inglaterra la hizo conocer. Aunque el temor era mucho los que la probaron en su enorme mayoría la evitaron. El rey exigió que se hicieran más pruebas, las que resultaron un éxito y así, por la inoculación de pequeñas dosis que producen la enfermedad en una virulencia que el cuerpo puede curarse, se previene la enfermedad cuando aparece con toda su virulencia. Murió en 1762.

MARIA TERESA, nació en 1717, hija mayor del rey Carlos VI de Bohemia y Hungría y de Elizabeth de Brunswick. Su padre murió en 1740 ella lo sucedió a los trece años en medio de la guerra por la sucesión de Austria. Ese año se casó con Francisco de Lorena, gran duque de Toscana, mas tarde Francisco Emperador del Imperio Habsburgo (1745-65). En ese pasaje Federico el Grande de Prusia ocupó la provincia de Silesia, ante lo cual ella nunca se lo perdonó y dio lugar a la guerra de Silesia que llevó a la Guerra de los Siete Años (1756-63) que fue una verdadera guerra mundial. En esos años María Teresa crió, 16 hijos, entre ellos dos futuros emperadores y María Antonieta, estableció su derecho a gobernar, negoció el Imperio para su marido, afirmando el gobierno central y el ejército, mejorando la situación económica. Murió a los 63 años en 1780

CATALINA la Grande, emperatriz de Rusia, nació en Prusia en 1729, hija del Príncipe Carlos Augusto y de Juana Isabel los que decidieron que estaría mejor en Rusia, casada con el heredero Pedro. El tenia 15 años, ella 14 y viajó a Moscú donde se encontró muy bien bajo la zarina Isabel I. Se convirtió al Catolicismo Ortodoxo y tomó el nombre de Catalina. La zarina convencida de que su hijo era impotente le puso un amante desconocido a Catalina de quien tuvo un hijo. Después tuvo otros amantes. Cuando Isabel murió, su hijo Pedro empezó un reinado de seis meses desastrosos. Jugaba con soldados de juguetes y sobre esa base hacía guerras con Prusia. Fue arrestado y matado por un hermano del amante de ella, Orlov. Fue una mujer enérgica, determinada, protectora de las artes y de Diderot. Ganó dos guerras contra Turquía y así se anexó la península de Crimea. Murió en 1796 a los 67 años de un ataque cerebral, reinó durante 34 sin permitir a los sucesores naturales que fueran coronados y alguno tuvo que esperar muchos años hasta serlo.

MARY WOLLSTONECRAFT nació en 17 59 en Spitalfields, Inglaterra. Fue una filosofa que se dedicó al análisis de la situación de a mujer, basándose en que no era inferior sino que recibía una educación inferior. Se caso con Godwin y tuvo dos hijas y como consecuencia del parto de la segunda, murió a los 38 años, en Londres en 1797. Su defensa de la situación de la mujer fue una temprana acción de sus derechos que se iniciaría en el siglo siguiente.

VIII. SIGLOS XIX Y SIGUIENTES

El movimiento feminista se había iniciado a fines del S. XVIII y tomo fuerza en el siguiente. Las fuentes no son confiables porque se centran en las actividades en Inglaterra y EEUU. Lo mismo ocurre con las abolicionistas que olvidan las decisiones abolicionistas en Sudamérica y España y dan información sobre el área anglófila. Por otra parte si bien el S. XIX tuco una tendencia antifeminista, los siglos XX y XXI muestran otro perfil de mujer. Las mujeres que comenzaron por tener más actividad en el canto y como actrices, fueron excelentes ejecutantes musicales, aunque no compositoras. Tampoco se hicieron notar en el campo de la filosofía o de las matemáticas, pero fueron activas en política, negociaron hábilmente y como resumen se puede decir que si debiéramos de hablar de las mujeres en la Historia de esos siglos, tendríamos que llenar varios tomos, en especial en los dos últimos. Estoy mencionando algunas que creo que tuvieron una incidencia en la Historia y no mencionaré a las muchísimas que estuvieron en la Historia pero que no se podría decir que hicieron Historia. Son mujeres reconocidas que tuvieron su historia, que influyeron en algún país pero que no puedo considerarlas mujeres de la Historia. Quizá si hubieran hecho eso mismo quinientos años antes hubieran sido notables. La competencia femenina creció en esos siglos y es más difícil considerar a una mujer en la Historia de la Humanidad. Esta es una decisión que somos toda decisión es subjetiva y con seguridad habrá quienes la consideren injusta para con ciertas figuras. Desde ya me disculpo con esas personas aunque podrán darse cuenta de que sigo una línea de selección, por u lado y que, por otro lado, puedo tener lagunas de información que lamento pero no puedo llenar porque no sé que las tengo, por eso son lagunas de información.

JUANA AZURDUY nació en Chuquisaca en 1780, estudió en un convento de monjas y en 1802 se casó con José Padilla con quien tuvo cinco hijos. Juana y su marido se unieron a los revolucionarios de 1809 y Juana era conocida por su valentía en pleno combate. Otras mujeres se unieron a las fuerzas de combaste. Juana creo el grupo Los Leales con su marido y se unió a Belgrano en 1810 quien impresionado por su valentía le obsequio su espada. Juana quedó a cargo de la zona de villar porque el marido tuvo que ir a Chaco. Los españoles atacaron y ella no solo organizó la defensa del lugar sino que arrebató la bandera enemiga. Por todo ello el gobierno de Buenos Aires le otorgó el rango de teniente coronel. Cuando San Martín decidió atacar por Chile los grupos de Alto Perú quedaron en situación de gran penuria a punto tal que cuatro de lo hijos de Juana murieron de hambre. Ella murió en Jujuy en 1860.

ISABEL II DE ESPAÑA nació en 1830, hija del rey Fernando VII y su esposa. Fue coronada a los tres años con la regencia de su madre Cristina de Nápoles. Don Carlos de Borbón se consideraba con derecho al trono porque hasta hacia pocos meses regía la Ley Sálica que impedía el reinado de mujeres. Así comenzaron las disputas carlistas, con una primera guerra que ganó el general Espartero, quien echó a la regente y asumió el cargo con carácter despótico que llevó a que hubiera un levantamiento militar que lo echara a él en 1846. Isabel fue declarada con edad para reinar solase caso con su primo Francisco de Borbón. Tuvieron cuatro hijos entre ellos Alfonso XII. En 1847 hubo otro levantamiento carlista y en 1959 entraron en guerra con Marruecos. Finalmente en esta época de terminó siendo ella depuesta en 1868 y se fue a Paris, donde abdicó en 1870 a favor de su hijo. Después de largas discusiones fue aceptado como rey y mayor de edad en 1874. Isabel murió en Paris en 1904.

VICTORIA nació en 1837 hija de Eduardo duque de Kent y la Princesa Victoria Sajonia-Coburgo. A los 18 años subió al trono. Se casó con el Príncipe Alberto de Sajonia-Coburgo. Tuvieron nueve hijos todos casados con miembros de las casas reales europeas o reyes. Reinó por 64 años. Solidificó el Imperio Británico y fue declarada Emperatriz en 1876. Supo manejar las relaciones entre Gladstone y Disraeli, los jefes de los dos partidos y quedó viuda en 1861. Se ha caracterizado su tiempo por el de la moral estricta a punto de exageración. Años después se descubrió que quizá se casó en secreto o por lo menos fue su amante por años, su mayordomo John Brown, en contra de todo lo que había proclamado y seguía proclamando. Murió en 1901.

RANAVALONA I fue reina de Madagascar, reino que fundó Radama I en 1810 y terminó en 1896 con la invasión francesa. Ranavalona era esposa de Radama y cuando él murió en 1828 ella cambió la política pro-europeísta de su marido por una política anti-europeísta. Este enfrentamiento la llevó a una invasión franco-británica que fue derrotada en 1845 en Tamatave. Murió en 1861 y la sucedió su hijo Radama II.

RANAVALONA II fue seguramente hija de la anterior. Después de un breve reinado de

Radama que fue asesinado en 1868, Ranavalona II llegó al poder sucediéndolo por derecho propio. Fue decisiva en la europeización de Madagascar y en la introducción del cristianismo en vez de la tradicional religión malagasia. Murió en 1883.

RANAVALONA III nació en 1861 y fue prima de la reina anterior, en un entramado complicado de matrimonios familiares. De todas maneras reinó desde 1883 hasta 1895. En 1883 se casó con el primer ministro quien fue expulsado del reino en 1895 por las tropas francesas. Un año después la reina firmó un tratado reconociendo el carácter de Madagascar como protectorado francés y siguió en su cargo aunque solo formalmente hasta 1916.

MARIE CURIE nació en Varsovia en 1867. Su nombre era Marie Sklobodovska Curie. Hija de familia de profesores, estudió Física y Química y se mudó a Paris. En 1895 conoció y se casó con Pierre Curie, físico que murió once años más tarde. Con él investigaron y descubrieron los rayos X y después ella siguió con el estudio de la radioactividad. Obtuvo dos veces el Premio Nobel y fue la primer mujer nombrada profesora en la Universidad de París. Murió ciega en 1934 y fue posteriormente trasladada al Panteón en Paris donde es la única mujer enterrada en él.

WHILHELMINA nació en 1880 hija del rey William y la reina Emma. A los diez años tuvo que asumir el trono por la muerte de su padre con la regencia de su madre. En 1901 se caso con el duque de Mecklenburg. En 1909 tuvo una hija, Juliana. Durante la Primera Guerra se mantuvo neutral y dio refugio al Kaiser, hasta su muerte a pesar de los reclamos de los aliados. En toda esa época hubo una profusa legislación de mejora en asuntos sociales. Cuando se produjo la invasión nazi se fueron un día antes de la rendición, a Londres, desde donde ella mandó permanentes mensajes de esperanza por radio Orange. Al volver en 1945 se encontró un país devastado y se dedicó a ayudara a su recuperación. En 1948, cuatro meses después de que Holanda firmara con Bélgica, Francia, Gran Bretaña y Luxemburgo un tratado de asistencia mutua por 50 años, ella abdicó en su hija Juliana y se retiró a su palacio de Het Loo donde murió a los 82 años en 1962.

INDIRA GHANDI nació en 1917 hija de Nehru y Kamala, su esposa. A los 21 años se casó con un Parsi, Feroze Gandhi con quien tuvo dos hijos, Rajiv y Sanjay y de quien se separó a los 31 años de edad. Ella hizo carrera en política siguiendo a su padre, el Pandit Nehru. En 1967 fue elegida Primer Ministra. En 1971 anexó el reino de Sikkim. En ese momento era seguramente el líder más popular del mundo. En 1975 hubo protestas y desmanes y ella abolió los derechos de libertad suspendiendo el proceso democrático, que reabrió dos años después. Perdió esa elección pero ganó la siguiente en 1979 y quedó en el poder hasta su muerte en 1984.

Margaret THATCHER nació en 1925 de una familia de clase media alta. Se casó con Denis Thatcher y terminó por dedicarse a la política. Fue Primer Ministra en 1979 hasta 1990.En esos años se dedicó a poner en marcha dos políticas básicas: el neo-liberalismo que reducía el Estado a su mínima expresión dejando todo en manos de los individuos y la apertura llamada globalización. Quizá no hubiera pasado de Inglaterra la cuestión si no hubiera seducido al nuevo Presidente de EEUU, Ronald Reagan quien puso todo el poderío comunicacional a favor de esas políticas usando como arma especifica el FMI. Las políticas se anunciaron como de igualitarismo y resultaron ser la mayor arma del enriquecimiento absurdo de algunos y del empobrecimiento de muchos millones. Los salarios cayeron porque se podía producir en otros lugares ahora abiertos a las fronteras y la venta de los bienes del Estado, denunciada por Stiglitz fue un mecanismo para la aparición de los supermillonarios. La desigualdad y la crisis ha sido el resultado nefasto de las ideas de esta llamada "Dama de Hierro" y será muy difícil corregir semejante distorsión.

ISABEL II DE INGLATERRA nació en 1926, hija del Príncipe Alberto y su esposa Elizabeth. Tuvo una educación común ya que no se suponía que fuera reina, pero al abdicar su tío Eduardo VIII quedó en primera línea de sucesión. A los 21 se casó con Lord Mountbatten. Durante la guerra se quedó en Inglaterra como toda la familia real. En 1952, al morir su padre ascendió al trono. A pesar de que sus poderes son acotados es famosa por el conocimiento que tiene sobre cuales son las situaciones en los más diversos campos y los primeros ministros han reconocido que tiene que irse bien preparados para las reuniones que mantienen con ella. Tiene un hijo Carlos y un nieto Guillermo. Es difícil saber quien la sucederá después del escándalo sobre Lady Di.

FINNEBOGADOTTIR VIGDIS nació en Rykavik en 1930, hija de Thorvaldsson, ingeniero y profesor en la Universidad y Eriksdottir, enfermera presidenta de la Asociación de Enfermeras de Islandia por 36 años. Estudió en Grenoble, en la Sorbona y en Copenhagen. Se casó en 1953 y después de nueve años de matrimonio se divorció y volvió a Islandia.

Reclamando por la base naval de EEUU en Keflavik, entró en política y seis años después fue elegida Presidenta en oposición a tres hombres, reelegida en 1984 y luego en 1988. Su puesto tenía algunas facultades ejecutivas aunque era mayormente representativo, pero apoyó las posiciones islandesas de no ser parte del gran mundo y así los jueves por la noche, día de la familia no hay televisión.

SIRIKIT princesa tailandesa, nació en 1932. En 1950 se caso con quien un mes después fue coronado Rama IX. Siguiendo sus obligaciones monásticos budistas el rey se retiró por un tiempo dejándola a ella como regente. Ella se dedicó a desarrollar la industria de la seda, para lo cual recorrió el interior hizo instruir a quienes habían perdido la habilidad, dio materias primas a quien necesitaba y se dedico a conseguir mercados para esta actividad que además de su poder económico servía para mejorar la situación de la mujer en el país. Se dedico asimismo a la Cruz Roja en un país donde sus vecinos en permanente guerra tenían muchos problemas en esa área. En 1985 Sirikit se retiró abruptamente de la función real sin dar explicación, la que fue dada por su hija Chulabhorn tiempo después haciendo saber que su madre sufría de insomnio y que los médicos le habían ordenado descansar dado su estado.

CORAZON AQUINO nació en 1933 en el seno de una familia acomodada, en Manila. Estudió Humanidades en EEUU y se casó con Benigno Aquino, con quien tuvo cinco hijos. Se dedicó totalmente a ellos, hasta que en 1980 Marcos lo condenó a muerte a su marido y entonces se fueron a vivir a EEUU. Ella dictó clases en Harvard durante tres años y por fin decidieron que podrían volver a Filipinas. Cuando llegaron su marido fue asesinado por agentes de Marcos al pie de la escalerilla del avión. Entonces ella se erigió en la imagen de la oposición. La presión lo decidió a Marcos a llamar a elecciones y Aquino las ganó. Marcos se fue del país y ella llamó a redactar una Constitución que fue aprobada el año siguiente. A pesar del poco apoyo militar y las acusaciones de corrupción terminó su mandato en 1992. Murió en 2009.

MARY ROBINSON nació en Irlanda en 1944. Estudió leyes allí y luego en Harvard, se dedicó a la política y a los 25 años fue elegida senadora. En 1990 fue elegida primera presidente de Irlanda.

ROUSSEF DILMA, nació en 1947 en Bello Horizonte (Brasil). Fue guerrillera y fue encarcelada y torturada entre 1970 y 1972. Cuando quedó libre se dedicó a la política en

Río Grande y luego bajo Lula ocupó varios cargos, el último el Ministerio de Energía. Colaboró a impulsar a Brasil hacia el mundo como para formar parte del BRIC, las cuatro grandes naciones emergentes. En 2011 fue elegida Presidente de Brasil y continuó con la política de Lula, dándole un fuerte impulso a la acción anticorrupción, lo que produjo sucesivas renuncias de ministros y otros niveles.

CLINTON HILLARY RODHAM, nació en Illinois en 1947. Se casó con Bill Clinton y fue por ello Primera Dama en EEUU con mucha influencia sobre la política del país central (una especie de Imperio no declarado). A Principios del Siglo XXI fue senadora y durante la primera presidencia de Obama fue Secretaria de Estado, un puesto de enorme poder mundial, desde el cual ejerció una política hábil para su país.

BENAZIR BHUTTO nació en 1953, hija de un abogado y político paquistaní. Su padre líder del nuevo Pakistán en 1971, soportó el golpe de Estado del Gral. Zia ul-Haq quien lo sacó por la fuerza de su casa y fue ahorcado frente a su familia. Se convirtió en un mártir nacional y entonces Zia arrestó a su mujer y su hija hasta que en 1983 la salud de ambas fue muy mala y recibieron sucesivos permisos para salir del país. Desde Londres reorganizó a sus seguidores y en 1985 pudo volver en una recepción tumultuosa y alegre. Zia la volvió a encarcelar pero la dejó libre un mes después por el enorme apoyo popular que tenia. En 1988 el avión de Zia estalló y hubo que llamar a elecciones. En 1990 fue vencida por su viejo rival politico Mian Nawaz Sharif

MERKEL ANGELA nació en 1954 en Kasner, estudió química y se dedicó a la política. Fue electa miembro del Bundestag por Straslund cargo que continúa teniendo. Entre l991 y 1998 ocupó varios ministerios durante los años de Kohl como canciller y fue electa presidenta del partido en el 2000. Desde el 2005 es Canciller, equivalente a primer ministro, cargo desde el que es muy influyente en la política europea, área de la que se ha convertido en líder. Es de carácter fuerte y gran capacidad.

BIBLIOGRAFIA

A history of Africa Fage J. yotro. Folio soc. London 2008
A history of arab people Hourani A. Univ. Harvard 1992
A history of Egypt Grimal N. Barnes &Noble NY. 1997
A history of Rome Moamsen T. Folio Society 2006London
A history of sin Thomson O.
A history of the breast Yalom M. A.Knopf NY 1997
Akhenaten Redford D. Princenton Univ. 1985
Akhenaten Aldrich C. Thames and Hudson 1990
Alexander the Great Fox R. Folio Soc. London 1999
Ancient Greece and Rome Gagarin M y otros Oxford 2010
Ashhes of Britannia Garwood H.Writers Virginia 2000
Babylon Oates J.Folio society London 2005
Babylonian live and history Budge E. Barnes & Noble NY 1993
Cartaghe: a history. Lancel S. Folio Soc. London 2002
Celts Herm G. Barnes & Noble NY 1993
Caesar's women Mc Cullough C. Morrow NY 1996

El clan familiar en la Edad Media Heers J. Lbor Barcelona 1078
El modelo de la creación y creencias en Dios Maristany J. Layetana Ed. Bs.A. 2011
Eleanor of Aquitania Serward D. Barnes & Noble NY 1993
Empires of the Nile Philipson W. Folio soc. London 2002
Empress Zenobia Southern P. Tower Build. NY 2008
Etruschi Giulano R y otro Mondadori Milan 2004
Gala Placidia   Storoni L. Rizzoli Milan 2002
Gente de la Edad Media Power E. Eudeba Bs.As. 1993
Growing up in ancient Egypt Janssen R. y J. Rubicon London 1990
Hablemos de la mujer Maristany J. Ed.El Ateneo Bs.As. 2.000
Hatshepsut Tyldesley J. Penguin NY 1996
Hildegarda de Bingen Pernoud R. Paidos Bs.A. 1998
Historia de Alemania Valent V. Sudamericana 1947
Historia de Francia Maurois A. Peuser Bs.As. 1967
Historia de amor de la historia de España Alonso L. Bruguera Barcelona 1976
Historia de la Humanidad (T.I) Unesco Sudamericana Bs.As. 1977

Historia de la vida privada Varios Taurus Madrid 1992

Historia de las creencias religiosas Eliades M. Univ. Chicago 1986

Historia universal Durant W. Ed.Sudamericana Bs.AS. 1997

Historia universal Varios Espasa Calpe Madrid 1961

La historia de la mujer varios Taurus Madrid 2002

La condicion de la mujer Havel J. Eudeba Bs.As. 1961

La vita di Galla Placidia Selli S. y otra Ravena 1999

La mujer medieval Bertini C. y otros Alianza Bs.As. 1998

Las reinas guerreras Fraser A. Vergara Bs.As. 1997

Lives of the ancient egyptians Wilkinson T. Thames and Hudson London 2007

Maria Antonieta Fraser A. Edhasa Bs.As. 2006

Medieval civilisation Le Goff Folio Soc. London 2011

Medieval History Varios Folio Society London 2002

Medieval History Varios Cambridge U 2006

Medieval prostitution Rossaud J. Barnes & Noble USA 1994

Medieval women Power E. Folio Society London 2008

Millenium Fernandez Armesto F. Scriber NY 1995

Nefertiti and Cleopatra Samson J. Rubicon Press London 1985

Priestesses Eakins P. Weiser NY 1996

Queen Tomyris and the head of Cyrus Rubens P. Museum of Fine Artes Boston 1955

Roman women   Balsdon J. Barnes & Noble NY 1998

Searching for the scythians Edwards M.

Secrets of ancient Egypt Archeology Mag. Hatherleigh Press NY 2004

The annals of Imperial Rome Tacitus Folio society London 2006

The bedside book of bastards Jonsohn D y otro Barnes & Noble NY 1996

The Babylons Saggs H. Folio soc. London 1999

The Barbarian invasions Varios Folio society London 2001

The celtic World Green M. y otros Routledge NY 1996

The celts   Chadwick N. Folio soc. London 2001

The celts Herms G. Barns & Noble NY 1993

The civilation of Europe in de Rennaissance Hale J. Atheneum NY 1994

The cult of Aten Eudes L Kessinger   NY 1996

The early history of Rome Livy T. Folio Soc. London 2006

The etruscans Borrell F. y otro Mondadori Milan 2003

The etruscans Barber G. y otro Blackwell Oxford 2003

The first sex Fidler H. Random Home NY 1999

The history of the decline and fall of the Roman Empire Gibon R. Folio S. Lon.1990

The historical encyclopedia of costumes Racinet A.

The histories Herodotus Folio Soc. London 2006

The History of England Fernandez Armesto y otros Folio Soc. London 2001

The history of ancient Greece Varios Folio Soc. London 2002

The history of the breast Yalom M. Kropf NY 1997

The hitites Gurney O. Folios Soc. 1999

The hitites Macqueen J Thames & Hudson NY 1986

The medieval city Varios Folio Society London 2002

The Persians Cook J. Folio Soc. 1999

The pharaons Hart G Folio soc. London. 2010

The pharaos of ancient Egypt Payne E, Random NY 1964

The Rosetta stone Solé R. y otros- Folio Soc. London 2006

The Scandinavian in history Toyne S. Barnes & Noble NY 1996

The search for Nefertiti Fletcher J. Harper
Collins NY 2004
The subordinated sex Bullough A. y otras
Univ. Georgia 1988
The sumerians Kramer S.Univ. Chicago 1971
The sumerians Wooley L. Barnes & Noble USA
1995
The sumerian records Weiff J.
The women encylopedia of myths and secrets
Walker B.
The women of celts Markale J Inner Tr.
Vermont 1986
The women's cronology Tragger J, Holt NY
1996
Uppity women on the ancient world Leon V.
Conaris Press Berkeley 1995
Uppity women on the medieval world Leon V.
Conaris Press Berkeley 1996
Uppity women on the rennaisance Leon V.
Conaris Press Berkeley 2001
Whores in history Roberts N. Harper and
Colllins London 1994
Women of Golden dawn Greer M. Park Street
Press Vermont 1995
Women poets of antiquity Enheduanna
Women who ruled Jackson G. Barnes & Noble
USA 1998

www.ingramcontent.com/pod-product-compliance
Lightning Source LLC
La Vergne TN
LVHW021347080426
835508LV00020B/2152